國立暨南大學法律叢書
影印本編輯委員會

國立暨南大學法律叢書

政治經濟與法律

影印本

【國立暨南大學法學院編輯委員會 編】

暨南大學出版社
JINAN UNIVERSITY PRESS

中國・廣州

圖書在版編目（CIP）數據

政治經濟與法律/ 國立暨南大學法學院編輯委員會編. —影印本. —廣州：暨南大學出版社，2017.8
（國立暨南大學法律叢書）
ISBN 978-7-5668-2165-2

Ⅰ.①政…　Ⅱ.①國…　Ⅲ.①政治經濟學—研究 ②法律—研究　Ⅳ.①F0 ②D9

中國版本圖書館CIP數據核字（2017）第183734號

政治經濟與法律（影印本）
ZHENGZHI JINGJI YU FALU （YINGYINBEN）
編　者：國立暨南大學法學院編輯委員會

出 版 人：徐義雄
策劃編輯：李　戰
責任編輯：劉雨婷
責任校對：周海燕
責任印製：湯慧君　周一丹

出版發行：暨南大學出版社（510630）
電　　話：總編室（8620）85221601
營銷部（8620）85225284　85228291　85228292（郵購）
傳　　真：（8620）85221583（辦公室）　85223774（營銷部）
網　　址：http: //www.jnupress.com
排　　版：廣州市天河星辰文化發展部照排中心
印　　刷：佛山市浩文彩色印刷有限公司
開　　本：787mm × 1092mm　1/16
印　　張：12.875
字　　數：110千
版　　次：2017年8月影印本
印　　次：2017年8月第1次
定　　價：42.00圓

影印本叢書總序

國是穩固有序，百姓安康樂業，關鍵在於法治。近代以降，中華法律人篳路藍縷，以啓山林，革故鼎新，薪火相承。

暨南法科肇始於一九二七年，承傳播中華法律文化之志，先知先行，汪翰章、石頌、李謨、黃景柏、王人麟、韋維清、鄭允恭等大家鴻儒躬耕不輟，集數年之功，一九三〇年始由上海大東書局連續出版『國立暨南大學法律叢書』和『國立暨南大學法學院叢書』等系列著述，一九三一年起編輯出版《政治經濟與法律》集刊，爲中國法治奔走呼號。

然而，國運坎坷，未待國民政府實質建立社會規範，即遭強敵入侵。暨南法律人的法治夢想與國人同，始於社會動盪，夭於炮火硝煙。改革開放以來，撥亂反正，國是民生步入正軌，法治夢想重獲新生。一九八七年暨南法科順勢復辦，人才漸集，新一代暨南法律人扎根嶺南大地，承前人之志而奮起，歷三十載育六千桃李，輸送了一批又一批法治棟樑，聲播華夏、教澤五洲。

從一九二七年至二〇一七年，暨南法律人風雨兼程、上下求索，暨南法科幾經沈浮而終涅槃再生，重振輝煌。值暨南法科九十華誕之際，特將『國立暨南大學法律叢書』部分著述及《政治經濟與法律》第一卷付梓影印，以銘記先輩開拓之功，激勵同仁尚法之志，並啓迪後人前行之路！

是爲序。

朱羿錕

二〇一七年七月十日

國立暨南大學法學院

政治經濟與法律

鄭洪年題

第一卷　第一號

（二十年五月出版）

中華民國郵政局特准掛號認為新聞紙類

本刊啓事

一、本刊所載文字，以關於政治學，經濟學，法律學等社會科學者爲限。

二、本刊文字，大部份由本校法學院教授及講師擔任；但極願得各方面之贊助，使本刊得成爲研究社會科學者討論學理之公共發表機關。

三、投寄之稿，不拘文言體，或白話體，均所歡迎。

四、本刊標點符號，悉依新式。

五、凡關於投稿，請求評論之書籍，以及雜誌交換等函件，請寄交眞茹國立暨南大學法學院政治經濟與法律編輯主任。

六、凡關於定閱本刊，登載廣告，以及其他營業事件，請與國立暨南大學出版科接洽。

政治經濟與法律

（第一卷第一號目錄）

本刊第一卷第二號要目預告

發刊詞

王人麟

學術研究爲促進文化之原動力；未有學術不昌而文化能進步者。一國研究學術之機關不一而足，而要以大學爲中心。大學所負學術上文化上之使命，既如此之重大，顧提倡和研究學術之責任，斷非任何一大學單獨所能担負；必須集合各大學及各種其他的學術機關之人材和力量共同討論研究互相砥礪批評，然後始有所成就。大學內關於學術的定期刊物，卽爲此種共同研究的媒介之一。故歐美先進各大學，皆有各種學術期刊之刊行，如英國劍橋大學各教授主編之 Economic Journal，美國哈佛大學出版之 The Quarterly Journal of Economics 和 Harvard Law Review，芝加哥大學之 The Journal of Political Economy，哥倫比亞大學之 Political Science Quarterly 等，其最著者也。吾國大學，近年來雖亦有此類刊物，但察其流弊，往往陳義過高，離題太遠，祇求議論之新奇，每置事實於不顧，其甚焉者，分立門戶，競尚標榜，研究之精神，學者之態度，於斯喪失，此而欲求學術之進步，此而欲求問題之解決，乃如治絲益棼，危險孰甚。國立暨南大學法學院同人，鑒於吾國學術刊物之貧乏，且深信共同研究爲促進學術之要素，因此決定刊行一種專門研究政治學，經濟學，及法律學等社會科學之定期刊物，定名曰政治經濟與法律：一面使本院同人得藉本刊篇幅，將其研究所得，貢獻於國內外學者之前，供其討論與批評，一面復希望本刊得成爲校內外研究社會科學者一種公共發表機關，以收共同研究之效。中山先生有言，「天下爲公」，吾於學術亦云然，敢即以此爲同人勉！

馬歧佛的國家學說

吳友三

馬歧佛（R. N. Mac Iver）是近代政治思想方法上一種新趨勢的代表。他是一個實際的政治思想家。他的最大特色，就是他的脚踏實地的態度。這個不但從他的基本社會論"The Community"（一九一七）社會科學概論"The Elements of Social Science"（一九二一），和近代國家論"The Modern State"（一九二六），這幾本著作裏面的理論可以證明，並且他還明白地說：

『我們在此地所論及的，不是國家應該是什麽，也不是什麽是國家所應當包括，而是國家在事實上是什麽，和包括什麽。』（基本社會論第二十九頁）

他又說：

『像國家這樣重大而明顯的事實，居然有許多衝突的定義，眞是奇怪，然而確係如此。……

『的確，這種種的衝突，有一部份是由於「國家應該怎樣」的各種衝突的意見而起。因爲當我們研究國家的時候，我們的處境，非常危險。在這種境地之内，各種理念不但

可以蒙蔽現實的將來，並且還要蒙蔽我們對於現實的當時概念。（近代國家論第三——四頁）

事實本來是學說之母。一切學說，如果要發生功效，必定要建立在事實之上；否則，離開了事實，不但沒有用處，有時還要發生狠大的危險。從前的政治學說，大都是憑着學者一己的空想。可是近代的學者，他們建立學說的方法，已經漸漸從演繹而趨向到歸納，從臆斷而趨向到據實。正如麥利恩（Merriam）所說：『就是拿較早的政治學說和較爲近代的略一比較，就可看出新加的事料，在近代政治問題的討論上，是如何重要。』所以馬氏的這種態度，不但是他個人的特色，同時也是近代政治思想方法上一種新趨勢的代表。

現在再看他學說的本體。

（I）基本社會團體和國家的區別

『社會』（Society），照馬氏的意見，是一個含渾的名詞。社會的形式，可以分爲兩種：第一，基本社會（Community）；第二，團體（Assoccation）。所謂基本社會，就是『公共生活所依據的一切地盤』（any area of common life）。（基本社會論第二十二頁）城市，鄉村，甚而至於再大一點的，都屬於這一類。基本社會固然要有地盤的界限，可是祗有地盤的界限，而如果在這個地盤界限之內的公共生活沒有它的特性，那麼，這個地盤的界限，就沒有意義，而在這個界限之內的地盤也就不能自成一個基本社會。　例如甲乙兩城裏面的公共生活，彼此相同，那麼甲乙兩城在地盤上雖有界限，而實則僅是一個基本社會。　所以基本社會的地盤疆界絕不是政治地理上的疆界。　至於團體則是『羣居的人類爲了追求某一種或某數種的共同興趣起見而組成的一個組織』(An association is an or-gan-isa-tion of social beings for the pursuit of some common interest or interests)（基本社會論第二十三頁）所以團體的條件就是共同的目的。　馬路上有一個人被汽車撞倒，大家圍着觀看這祇能算是『烏合』(Mass)，而不能算是團體。　大家雖然是因共同興趣而聚在一起，可是這個共同興趣並不會使大家發生一種互賴的關係，就是大家都走光了，我一個人仍然可以觀看。　但如這一羣看熱鬧的人，想法把傷者抬到醫院去醫治，這樣，他們登時就從『烏合』而變成團體，因爲這時有了共同目的，而且有了合作的現象了。　所以一切組織，要成爲一個團體，必定要有一個共同目的。　工人的工會，文學家的文學社，所以能稱爲團體的，就是因爲它們各有各的目的。

基本社會和團體雖然有些地方相同，例如：基本社會有生有滅，而團體也是有生有滅；

基本社會裏面有各種習慣和公認的行動方式，而團體裏面也有。然而基本社會到底和團體不同，絕不能因爲這幾個相同點而將它們混爲一談。他說：

『基本社會是社會生活的中心，是羣居人類的共同生活；而團體是一個社會生活的組織，爲了達到某一種或某數種目的而成立的。團體是局部，而基本社會是整體。一個團體裏面的份子，也可以做許多其他不同團體的份子。基本社會不但包含許多團體，並且包含許多互相衝突的團體。無論一個目的是怎樣重要，或是怎樣不重要，人類都可以因爲它而集成團體；所以團體對於人類，其重要之程度不等：有些團體不過等於一個月餐會，而有些團體，則是他們最切或最高興趣的保障。但是基本社會則較爲廣闊，較爲自由，甚而至於比最大的團體還要廣闊自由。它是較大的公同生活。團體是在它中間產生的，是使它有秩序的，但是永遠不能達到它的地位。』基本社會論：第二十四頁

馬氏所說的這種區別，如果用圖畫表明出來，就是一個大圈之內，包含著無數的小圈。這正和菲葉(Fouillée)所說的國家與團體的區別一樣。不過在菲氏這個大圈是國家，而在馬氏則是基本社會罷了。所以團體是專謀特殊的興趣，而基本社會是謀一切的興趣。我們祇能說研究文學的團體，而不能說研究文學的基本社會。團體可以彼此分工，

而基本社會彼此是不能分工的。可見在目的上兩者已經有廣狹之別，何況此外還有許多異點：

第一，基本社會沒有固定組織，而團體則有；所以祇能說專制的團體，而不能說專制的基本社會。

第二基本社會能表顯社會的程度，而團體則否；所以祇能說文明的基本社會，而不能說文明的團體。

第三，基本社會能表顯生活的方式，而團體則否；所以祇能說工業化的基本社會，而不能說工業化的團體。

第四，基本社會是一個實體，在空間佔有地位；而團體不過是抽象的一種關係。

第五，基本社會可以親自行動，而團體親自不能行動，必須依靠媒介。

第六，基本社會所追求的興趣，是爲自己，而團體不過是團員的工具。

基本社會和團體旣有這許多的區別，所以兩者絕不能混而爲一。國家到底是基本社會，抑是團體呢？傳統的答案，總以爲國家是基本社會。亞理斯多德在他的政治學裏面，開口便說：『各種國家，都是一種基本社會。』盧騷自稱爲「日內瓦的公民，」從對於自然環境的愛慕，而轉爲對於國家的忠忱。　至於黑格兒更受亞理斯多德的影響，承認國家是『精神代自己所造的一個世界』　所以他們的學說，往往把國家和社會併爲一談，並且使國家的概念，變成國家的理念。明明應說國家確是什麼，而偏偏都是說國家應當是什麼。　馬氏竭力排斥這一類錯誤，說出國家和基本社會的許多區別：

第一，國家是受疆界的限制，而基本社會則否。　他說：

『每一國家皆有嚴格的領土界限；但是今日之世界，雖然分成許多單獨的國家，可是並沒分成許多絕緣的基本社會。』（基本社會論第二十九頁）　他又說：

『要正確了解國際關係，對於基本社會和國家必須加以區別。如果國家就是基本社會，那麼，除非等到各國併成一個世界國，國際間絕不能有社會的統一。　因爲每一個國家，照它的自身定義看來，是一個確定而自給的單位。　就它的主權的範圍而言，每一國家和其他的國家是絕對地分立。　結果，假使政治的關係，就是社會的關係，那麼，一個國家裏面的成員，和其他國家裏的成員，一定是全無關係了。』（基本社會論第三十六頁）

第二，國家是有獨佔性的。一個人同時不能做兩個國家的人民。　可是一切基本社會，總是一個程度問題。　一個大的基本社會，可以包含許多小的基本社會。　例如，上海是包括在全中國之內，而全中國又是包含在全世界之內。所以一個基本社會裏面份子，同時也可以做其他基本社會的份子。他說：

『國家不像基本社會，是獨佔的確定的。甲國之地甫盡，乙國之境卽來甲國之境甫來，乙國之地卽盡。欲對兩國忠順，而能免衝突者絕無其人，正如一人不能事二主一樣。但一人可以任憑加入許多基本社會，祗要他的同情心和機會允許。』（基本社會論第二十九頁）

第三，國家如果就是基本社會，那麽它們的形成，一定也是同時。可是在事實上，基本社會成立在前，而國家成立在後。他說：

『在尚未有國家的地方，已經就有了基本社會；並且就是現在，例如在北美的愛斯基莫民族(Eskimos)當中，我們還可找出許多原始形式的社會生活，仍然沒有調節在國家之內。』（基本社會第三十頁至三十一頁）

第四，基本社會所表顯的，是人類內在的生活；而國家祗能管理外在情形。他說：

『國家和創造它的基本社會，一定要分別清楚。基本社會是人類的共同生活，他們大抵是活潑地自然地自由地（在他們規律所定的情形之下）受內心的指使，彼此聯結，並代彼此組成社會統一上的複襍組織。但是國家則藉一個不得不有形式的工具，來規

定社會生活上普通外在情形和維持社會義務上的主要制度，這些義務，都是可以在表面上履行的。』基本社會論 第三十四頁

國家和基本社會既然這樣不同，所以馬氏承認國家是團體，而不承認它是基本社會。且看他說：

『國家不等於基本社會。政治的團體不包括也不能管理人類生活的全部。國家不能看爲基本社會，它不過是基本社會當中的一個特殊有權的團體。』基本社會論 第三十五頁 他又說：

『國家也會要求管理生活的各方面，可是這種要求，從未成功。因爲就是在最專制的國家裏面，習慣風俗和不是由國家而來，但反爲政治權力之基礎的社會勢力，在團體生活的組織當中，其力量之大，遠過於政治權力。我們不但要否認國家是基本社會，或基本社會的形式，並且還要肯定地說它是一個團體，和家庭教會同屬一類。』近代國家論 第十七頁

國家是一個團體，因爲它不能謀生活的全部，爲什麼不能謀生活的全部呢？對於這一點，馬氏的答案可以分爲兩層：

（一）盧騷說公共意志是一國的最高權力；而公共意志就是爲大家好的意志，它是不

會錯誤的。其實，主權祇可說是在法律上沒有錯誤，而不能拿到道德上講。盧騷把維持社會的道德制裁，拿來維持國家，所以他把政治的組織和複雜而不確定的社會組織混而爲一。馬氏以爲公共意志不是國家的意志，而是愛護國家的意志(Will for the state)至於國家的意志則是「多數」的意志。國家成立和能夠繼續存在的基礎是：「少數」對於「多數」的服從；而這種服從心的由來，就是「少數」愛護國家的意志。既然國家是建在這種意志之上，當然不敢爲所欲爲。

(二)法律是無條件的，有强制力的，所以祇能規定人類行爲的外表。法律是有形式的。制定法律，要經過許多手續；制定之後，又輕易不能更改，所以法律不得不有普通性。因此，法律所規定的，祇是凡事的大綱，而不是細則，好像祇有一副骨骼，而沒有骨骼間的血肉。而且法律是消極的，它祇能處罰而不能報酬。所以法律在應用上，有許多限制。法律是國家主要的工具，法律既不是萬能，國家當然也不是萬能了。

從這兩方面看，國家的目的，都是有限的。正如拉斯基說：『國家所表現的意志，也許是我們所遇見的意志中最大的一個，但並不是社會全部的意志。』基本社會和團體的區別，不在它們目的的輕重，而是在目的的數量。國家的目的，儘管重大，然而祇要在數量上有了限制便是一個團體。

國家是一個團體，然而國家這一個團體，又和其他的團體不同。

第一，國家的組織比其他團體廣博。其他團體裏面的份子，只限於一部份的人；而國家的成員，是包括在它境內的全體。他說：

『其他團體的會員，是分散在各城各區或各鄉之內，而國家則將一切住在它境內的，認爲它的成員，或至少納在它的管理之下。』（基本社會論第二十八頁）他又說：

『有一個歷史上的特點，在這兒必須提及，因爲它可以幫助解釋爲什麼國家眞正的團體性質，在我們政治思想上，還沒有承認。國家因爲本身的性質，所以不得不將凡是住在它境內的人，不管他們是不是它的眞正成員，一概納在它的管理之下。所以從表面上驟然看去，好像它並不賴乎全體成員，以及公共意志所建立的或擁護的一個組織。』（近代國家論第七頁）

這是國家和其他團體不同的第一點。

第二，國家的目的，比較別的團體要多。別的團體，最多不過幾個目的，而國家的目的，是較爲廣博。他說：

『其他團體，祇限於謀一種興趣，至多也不過幾個興趣而已。但是國家好像是謀一切興趣的。』（基本社會論第二十八頁）這是國家和其他團體不同的第二點。

第三，國家是有强制力的。無論那一個團體，為了達到它的目的起見，總有許多規則，使團員共同遵守；否則，各自為政，非但目的不能達到，並且這個團體還有解體的危險。國家是一個團體，自然也有規則。這個規則，就是法律。可是國家的法律，和其他團體的規則不同。團體的規則所以能得團員的服從，完全由於團員怕失掉團員的利益。如果他不要這種利益，他就可違背團體規則。團體衹能消極地剝奪其團員的權利，而不能積極科罰。至於法律就不同了。國家是有强制力的。他說：『其他團體，不能靠自己力量，强迫叛逆的團員服從它的決議，可是國家能夠如此，並且實際上已經如此。』（基本社會論第二十八頁）所以國家當執行法律的時候，有强使服從的權力。你退出團體嗎？沒有像退出團體那麼容易！就是退出了，但仍然脫不了國家强制權力，因為你退出了一國，馬上就是別一國的成員，馬上就受那一國强制權的拘束。這是國家和其他團體不同的第三點。

等四，國家比較別的團體永久固定。別的團體，沒有强制力，所以團員可以隨便出團，而團體不能干涉。因此，團體的組織，容易發生變遷，甚而至於解散。國家有强制力，它的成員，不能隨便退出。所以它的組織，比較永久穩固。且看他說：

『國家因爲它的剛性的連續的和强制力法律，所以有永久性和固定性，這是它和別的團體不同之處。』（近代國家論第十八頁）

因此，別的團體的興起消滅，或是內部發生了分裂，狠難引起人們的注意，因爲它們本來就不十分永久固定。國家是比較永久固定，所以它的興亡，就是驚天動地的大事。這是國家和別的團體不同的第四點。

第五，國家是維持秩序的。每一個團體，總有一種目的。國家的目的是什麽呢？且看他說：

『國家根本是建立秩序的一個組織。它是爲建立秩序而存在的。這當然不是爲秩序的本身，而是爲需要秩序爲基礎的生活上一切可能之事。』（近代國家論第一七九頁）

國家建立和維持秩序，因爲這是它能力所及。他說：

『對於法律的服從，不是基於强力，而是基於人民的服從意志。但是法律是具有命令形式的，所以它祇能規定社會外在的秩序。』（近代國家論第二十一頁）

法律是國家唯一的工具，法律既祇能規定秩序，當然也就是國家的職能。所以國家是『一個團體藉政府所公佈的法律，在一個地域之內，維持社會上普遍而外在的情形，這個政府具有强制力，以達此目的。』（近代國家論第二十二頁）多元國家論者，對於這一點，可算抱一致的態度。拉斯基說『國家不過是人類團體當中的一個。』柯爾也說『國家是什麼？它不過是基本社會裏面統治的政治機關。』這可算得完全是時代的反映。

(II)國家的職能

從前的學者——尤其是希臘的學者，總以爲國家本身就是目的。後來德國唯心學派，也主張此說。例如黑格兒(Hegel)就說過：國家是『完成的理性，』『社會倫理精神的實現，』好像人類是爲國家而生存的。這種學說，顚倒目的和工具，在現已少有人同意。馬氏將國家認爲團體，團體既是爲達到人類慾望的對象，自然國家不是目的而是工具了。

要明白什麼是國家的職能，應該先明白什麼是國家的目的，國家的職能之所在，就是它的目的之所在。關於國家的職能，學者的意見，頗不一致。亞理斯多德，謝雪廬，格老秀斯這班人，總認爲國家的職能是謀人類的幸福；而馬克斯恩格斯等人，又說國家的職能是代經濟力優勝的階級壓迫那些被榨取者。這是學理上的紛歧，而在事實上，國家的職能，又確是隨時而變。上古的國家職能，大部是關於戰爭；中古時代，則關於宗教；近代則又關於經濟。這樣隨時變遷，對於什麼是國家的職能，更難答覆。現在且看馬氏的答案。

馬氏以爲談到什麼是國家的職能，如果從反面着想，就等於說什麼不是國家的職能，所以「國家萬能」的觀念第一要應該打倒。 的確，國家不是萬能的，這一點可從兩方面證實：

（1）從法律的職務上證實 法律有兩種職務：一個是積極的，一個是消極的。 什麼是積極的職務呢？ 法律有確定的格式，有拘束力和普遍性，並且較爲永久，所以它是維持社會上外在的普遍的情形的最好工具。 在這一方面，它既是最好的工具，所以在其他方面，就不適宜。 什麼是消極的職務呢？ 它的消極職務，就是尊重個性。 人類的活動，所以能有價値，就是因爲它是自然的內決的人格表顯。 對於人類的個性，法律非但不應干涉，同時也是無法干涉。 所以第一，法律不能干涉意見。 意見祗有拿意見去克服，如果用武力干涉，則無論意見之好壞，總要一例地受害。 人類由信心所產生的勇氣，也要大受摧殘。 而且法律祗可强迫人違反自己的本意去做，而不能强迫人違反自己的本意去思想。 如果强迫人違反自己的本意去思想，結果不是使人變成虛僞，便是引起革命。 第二，法律不能干涉道德。 道德是個人良知良能的命令，它是由於是非之心而產生的。 所以談到道德，祗有個人道德而無所謂國家道德。 這是個性的表顯，法律不能干涉。 而且道德的應用，遠大於法律。法律祇可就一個人的公民地位上加以干涉，而道德是就一個人的人的地位上而加以拘束。第三，法律不能干涉習慣。習慣不是法律所創，而是自然長成的。所以法律不能干涉習慣的本身，抵能改變習慣所由來的環境。第四，法律不能干涉文化。文化的來源大都是人所不知道的，就是知道，也斷非法律所能干涉。法律的應用，既然有如許多的限制，那麼以法律爲工具的國家，可見不是萬能的了。

（2）從國家與其他團體的關係上證實

（A）國家與宗教團體　宗教團體，是爲信仰而存在的。它的權力，並非國家所賜，所以宗教團體的職能，和國家的職能，完全分立。關於信仰方面的事務，國家應該完全讓它們自己處理，例如公立學校，不應設宗教科目。國家有時也干涉宗教團體，不過這種干涉，不是對於信仰，而是對於它們對外的法律行爲。

（B）國家與家庭　家庭是天然的結合。它的職能，決非國家所能取代，例如育嬰是家庭的職務，國家也要來幹，設立許多的育嬰堂，可是育嬰堂生活的機械，決抵不上家庭生活的天然。國家現在也制定許多養老的法律，其實這種事，還是讓家庭去做好，因爲家庭不像社會有那樣複褋的經濟事務。國家干涉最顯著的，要算婚姻，但是干涉婚姻，也要看社會的趨向。

（C）國家與經濟團體　政治權和經濟權，本來大不相同：政治權之適應環境，不如經濟權之快；政治權所影響的，是整個的國家而經濟權所及的，是由近而遠；政治權受國界的限制，而經濟權則可遍及世界；政治權是呆板的，是集中在一個中心的，而經濟權千變萬化，而且有許多中心；所以政治權不能干涉經濟權。國家也曾經立下禁止罷工的法律，可是如果罷工眞正發生，國家何曾能夠禁止。國家也曾用保護關稅的制度，將經濟活動，限在它境界之內。可是一國內的經濟興趣，非常複襍，國家同時不能兼顧。採用保護政策，要犧牲多少經濟興趣！而且在富强的國家，人民一方面要仰求世界的供給，一方面他們賸餘的財富，又要投到外國去，經濟的活動，怎能限於國境之內？國家雖有時經營許多營業，和防止經濟活動所產生的不平現象，然而這不是經濟權，衹不過是經濟權的調節。

因此，團體的產生，所以濟國家之不足。每一團體，有它存在的目的，正如國家有存在的目的；它有內部的生命，也正如國家有內部的生命。國家與其他團體的職能，衹能彼此相輔，不能彼此相混，才合分工的原則。

國家不是萬能，既從這兩點證實，那麼什麼是國家所能呢？馬氏的答案，就是『在公認的人類慾望的對象上認爲與大家有關係的社會生活之外在情形。』（近代國家論第一八三頁）具體地說，就是秩序。所以他又說：『在國境之內，維持一個普遍的秩序，乃最顯明的國家所能之事。』（近代國家論第一八四頁）秩序的意義，加以推廣，便是保護；保護的意義，若再加以推廣，便是保管和發展。所以國家的職能，應該如下表所列：

（I）秩序：

（A）關於物質基礎方面的：

（1）規定政治權威所在的領域和疆界，——地方的，區域的，和全國的。

（2）規定暨管理交通的方法。

（3）規定度量衡等的單位和標準。

（B）關於社會構造方面的：

（1）確定政治權力及權威範圍：

（a）以地域而分的——地方的區域的及國家的；

（b）以職能而分的——政務之劃分及調節。

（2）確定公民及居民之普通權利與義務。

（3）現定個人及團體的特別權利與義務，例如：

（a）在家庭內——婚約之規定等；

（b）在經濟團體內——貨幣及經濟契約之規定等；

（c）在其他社會團體內——職業地位，註册及結社等事之確定，關於人口商業及各種社會現象之材料的報告收集及統計。

（II）保護：

（A）關於物質基礎方面的：

（1）行使警察職務以保護生命財產。

（B）關於社會構造方面的：

（1）維持和保護政治上所決定的各種權威。

（2）維持和執行政治上所決定的各種權利義務——政治意義上的公道和自由；由包括保護基本社會以防某特殊團體之侵害，例如專利，不公平之競爭，社會的騷亂，經濟爭執所生的經濟淩亂，以及種族宗教及黨派的壓迫。

（3）保證全體基本社會的適當生活之最低標準，例如關於工資率，僱用兒童的育養和貧窮的防禦等事。

（4）注意和防禦「社會破裂」。

（III）保管和發展：

（A）關於物質基礎方面的：

（1）改進及規定健康上的物質環境，例如衛生的要件，住所職業及娛樂的情形。

（2）天然富源的保管和節省的利用。

（3）城市及鄉村發展的設計和普通的管理。

（B）關於社會構造方面的：

（1）教育設備的設立和發展。

（2）機會的外在條件之改進。

（3）國立博物館之設立，並資助科學的研究和其他確以文化爲目的的研究。

（4）改進關於一般利益的工農商業及財政的發展。

（5）設置各種工具，研究關於全體的社會問題。

（上表見近代國家論一九〇——一九一頁）

這些是國家的職能同時也可算是它的目的。

（III）威權

盧騷說國家的主權，是在人民。主權的表現，是公共意志而公共意志的行使，就是法律。馬氏以為主權在民，是的確不錯，至於盧騷說公共意志的行使就是法律，好像公共意志是一個立法者，馬氏則認為不確。馬氏以為在一個國家裏面有三種意志：第一，政府意志；第二，人民意志；第三，公共意志。法律是政府意志的表現。政府的意志，實際上就等於政黨的意志，而決非人民的意志。人民意志的行使，除掉創制複決而外，非藉代議士去行使不可，而在選舉代議士的時候，人民意志就受人許多限制。第一，代議士的候選人是政黨決定的。選舉某一政黨的候選人，就等於擁護這一黨的政策，可是無論那一黨的政策，都是政治和經濟兩種勢力的調和，絕不能代表人民的意志。第二，在政黨狠多的國家，代議士常是「少數」選出。「少數」的意志，怎能代表「多數」的意志？就認他們是「多數」選出，但是「多數」也不是永久的固定而不變的，代議士還不是代表人民意志。就是再退一步講，代議士是代表人民意志的，但是他們能代表不能，仍然是一個問題。一個人居了領袖的地位，為保全位置起見，難免不和他人妥協，而妥協的結果，就時常會違反人民的意志。所以政府的意志，絕不是人民的意志。

然則什麽是人民的意志呢？人民的意志不是政府的意志，而是擁護政府的意志。他說：

『人民的意志，不是贊成或反對立法上某種目的的意志，而是擁護某一政府的輿情。』（近代國家論第一九七頁）

這種輿情，雖不是政府的意志，然而政府的意志確是受它的限制。民治國家裏面是有政黨的，甲黨組織政府，它的敵黨就無時不在那兒伺候攻擊；因此，政府要保持它的權位，對於輿情，就不敢干犯，所以政府是建在人民意志之上。

至於公共意志，和人民意志又不相同。人民的意志，是擁護政府的意志；而公共意志，是愛護國家的意志。在一個國家之內，政見非常之多，彼此爭戰。人民的意志，祇是勝利方面的意志；而公共意志，是勝利和失敗雙方所共有的意志。敗者祇是因爲愛護國家，纔服從勝者的意見。所以政府的權威，直接地建在人民的意志之上，而間接的建在公共意志之上，換句話說，政府要靠一部份人的積極擁護，同時也要靠全體人不反對。所以馬氏的公共意志的性質，和盧騷所說的不同。

政府既靠人民的擁護，所以應該向人民負責；它同時要靠人民不反對，所以同時也應該穩固公共意志的基礎。怎樣使政府負責呢？——馬氏的答案是採行內閣政體。在這種政體之下，內閣向國會負責而國會再向人民負責，所以政府的責任是有連索的，統一的，不像在美國立法和行政兩部同時直接向人民負責，使人民不曉得眞正負責的究竟是那一個。內閣制的好處就是有一個責任的中心，如果政黨又無地方的色彩，那麼採行內閣政體，對於這方面，一定有狠大的成效。

不但政務官應該負責，就是事務官也應該負責。各部的常任專門行政人員，對於部中情形非常熟習，如果不讓他們負責，他們就容易促進他們所贊成的而阻止他們所不贊成的政策。至於怎樣能使他們負責，就要看部長是怎樣。政府的責任程序應該是：

下級行政人員 →永久專門行政人員首領 →部長 →內閣 →國會 →人民

怎樣能穩固公共意志的基礎呢？馬氏的答案是普選制度。政府採用普選制度，發表意見的人數也就因此增加。一個人加入選舉，就等於默認多數贊成的政策就是國家的政策。由於這一種默認服從「多數」的義務，才能夠產生。專制國家當中，能發表政見的人，非常之少，所以時常引起公共意志的破裂而發生革命。不過這個答案，——馬氏在理論上有一點矛盾。 公共意志既是愛護國家的意志，那當然是國內人人所同有。 在事實上，選舉權無論怎樣普遍，總不能推及全體，那麼普選仍然不能穩固公共意志的基礎，而不過增加政見的複雜性罷了。

還有，馬氏說公共意志，是愛護國家的意志，人民的意志，是擁護政府的意志，當然是承認國家和政府的區別。 革命是推翻政府，而馬氏說『革命是國家暫時的破壞』近代國論家（第二一五頁），又好像不承認它們的區別，這又是他的矛盾之處。

(IV)國家與武力

傳統的主權說，以爲國家對內是最高，對外是獨立，因此引起國家武力的學說。 許多學者，總以爲國家的起源，國家的發展，和國家對於人民及對於別國的關係，全是以武力爲根據。 這種觀念馬氏認爲非常錯誤。 先從對內的關係上講，國家不是根據武力。 第一，武力阻礙進步。 人類慾望的對象，不是全靠自然界的供給，大部都是從努力而來。 因此，要有和衷共濟的現象。 如果武力盛行，非但弱者要花許多力量去抵抗它，而强者要保持他的武力，也得要許多力量。 這兩方面的力量，如果用在合作上面，對於人類的進步，是多麼有益！ 所以文明愈進步，物質上的豐富，格外倚賴經濟上的分工，而經濟上分工，是靠合作的自由。第二，武力是狠危險的。如果國家對內的關係，完全看爲武力。就不啻將人民看爲奴隸。結果，握有政權的，就可將自已的意思强迫人民服從，而演出許多危險的把戲。第三，武力也是無濟於事的。法律可算是有武力的，可是光有法律，還不足維持社會的秩序。個人的良心，社會的輿論，都是幫助法律的制裁，而這種制裁的力量，比法律的還大。法律規定殺人放火的處以死刑，我們不殺人放火，並不見得祇因爲怕死，我們是不願違背良心，同時也不願干犯輿論。祇有良心和輿論禁止不了的時候，法律才能夠制裁，而這種制裁，如果要發生效力，還得要社會的擁護。所以國家對內的關係絕不是倚仗武力。

再談到對外的關係，馬氏以爲武力仍然是無用。國家的發展，是靠經濟的力量，經濟的力量，不是武力所能產生，而是人民的智慧和努力的結果。英吉利何以富强？西班牙何以失敗？把這類的事實，仔細一看，就可以知道國家的力量，不在武力，而在人民的質地了。

況且把國際的關係完全看爲武力，結果，必定引起戰爭，而戰爭是多麽危險？現在大家實行徵兵制度，能使全國武裝起來，機械的發明，更使軍備充實。打起仗來，不但全國受它的影響，並且要全國加入行動。所以無論勝敗，戰爭都是一個狠大的損失，有時還要引起革命。國家對外的關係，絕不能看爲根據武力。這種謬誤的武力學說，馬氏認爲是傳統主權說的流毒。

（V）法律

國家有法律，也等於其他團體有它們的規則；不過國家既和別的團體不同，可見國家的法律也一定有特殊的屬性。 法律的特殊屬性，馬氏認爲有下列三種：

（一）法律是注重形式的，而不是倫理規律的化身。 倫理和法律，根本上有許多異點：第一，法律是客觀的，是普遍應用的，而倫理的規律是主觀的，各人不同的；第二，法律上的是非，是由法律創造的，法律一變，是非的標準，也就跟着要變，至於倫理上的是非，則比較永久；第三，許多道德上公認的原則（例如家庭中由天性而產生的種種義務）是不能也不應變成法律的。 倫理和法律，既有這許多的不同，所以兩者絕不能相混。 法律不過是政治上的事實，在倫理上無所謂善惡。 祇要它合乎某種形式，就是法律，不必問它的內容怎樣。 狄驥以爲國家的法律，是根據「社會的連帶關係」(Social Solidarity) 能夠滿足社會連帶關係的要求的，才可算是法律。 這完全是注重法律的內容，而不注重它的形式。馬氏的態度正和他相反。

（二）法律是有普通性的。 普通性，是立法手續的必然結果。 所謂普通性，並不是說一個法律，應該拘束全體的人和事件。 法律的應用，不但可以限於特殊的人和事，並且有時還是應該的。 如果徵稅的法律，不管人的窮富而收同量的稅納普遍是普遍了，可是傷害了公平。 所以法律的普通性，不過是說法律所規定的，是凡事的普通情形罷了。

(三)法律是有强制力的。 法律和團體規則的區分，就在這一點。 我們服從團體的規則，完全是由於個人的興趣和團體的精神。 這兩個雖然也是制裁，但是有條件的。 國家規定許多保障秩序所必須接受的義務，和維持正義所必須履行的條件。 要得到這種義務的接受，和這種條件的履行，國家不得不加以制裁。 這種制裁，是强力的，無條件的。

法律的特性，既如上述。 那麼，法律是不是萬能呢? 不，絕不。 法律在應用上，有許多限制：

(一)法律應該使人人得到它的救濟，可是訴訟費的浩大，實在使許多人失掉了它的保護。

(二)法律是離不了「人格」的，例如它保護財產，不是因爲財產本身而是因爲財產是發展「人格」的工具。 人格的價值，隨環境而變遷，這種變遷，也應該反映在法律之上。 可是立法手續的呆板，往往使法律不容易適應這種變遷——尤其是在過渡時期或發展極快的時代。因此，對付新的環境，往往還拿舊的方法。所以現在有許多爭議——尤其是經濟上的，已經不由法庭解決，而由各團體本身解決了。

(三)法律不能包羅人類的一切活動。我們不能使每個道德原則，都變成法律。人類除掉法律而外，還要受風俗習慣的拘束。所以法律不過是各種制裁之一。

(四)法律受立法者和法官的態度的影響，尤以法官的影響爲大。因爲法律的解釋和應用，都是借重法官，所以法官的意見，往往抹煞法律的眞諦。

(五)法律祇能將各人應得的判給各人；而且失敗方面，要受狠大的科罰。它不能調和衝突的利益。

法律的特性，和在應用上的限制，既已說明，馬氏遂更進一步討論法律制裁力量的根據。

國家有兩種法律：(一)憲法，(二)普通法。前者拘束國家，後來是國家用以拘束人民。普通法是受國家保護的。國家規定許多權利義務，藉義務的强行，而得權利的保障。這種義務能夠强行的原因，並非僅僅因爲它們是國家所規定。人民所以服從國家的法律，是有條件的。什麼條件呢？就是國家要遵守憲法。國家是憲法的產兒。憲法上所規定的人民權利自由及種種用以限制政府權力的規定政府組織選舉及各部間關係的條文，國家一概不能違背。否則，人民就可不服從法律。人民服從國家的法律，是因爲把國家看爲謀福利的工具。憲法是人民福利的保障，違背憲法的國家，當然不能再看爲謀幸福的工具了。他說：

『服從法律是政治義務，這種義務是政治權利的對面。在法律，政府，和武力之外，還有共同目的——基本社會的共同意志。一件事的目的就是這件事存在的意義和理由，在別處是如此，在這裏也是如此。假使一個公民對於政府忠順，一定是因爲許多社會福利能使他對於政府發生敬仰。政治權利和政治義務出自同源，分開來就沒有意義。』（基本社會論第三十三頁）

普通法的强制力，既是基於國家對於憲法的服從，那麽憲法有沒有保障呢？換句話問，憲法有沒有制裁？一元國家論者以爲國家的權威至高無上，憲法之能限制國家，純因國家自願受其限制。這一點馬氏認爲祇合乎武力的邏輯，而抹煞眞理。人民一方面間接地設立普通法，作自已的遵守，一方面又直接地設立憲法，來拘束國家。兩者都是人民設立，人民旣能維護普通法，也就能夠維護憲法。維護的方法，就是發表言論。他說：

『一個法律，就是干犯憲法上多年的習慣，國會也可以通過，法庭也可以接受；但是，眞正使政府不這樣做的，不是政府所能創造和更改的法律上的力量，而是政府所不及的輿論之力。』（近代國家論第二七六頁）

有人以爲國家和政府是兩囘事。憲法所拘束的，是政府，而不是國家。馬氏以爲國家和政府雖有分別，可是不能因此就說國家不受憲法的限制。國家裏面「多數」的意志，是最高，宜若可以取消憲法上的任何規則，但有時竟不能如此。可見『多數』的意志還受公共意志的限制，換句話說，國家是受基本社會的限制了。

國家的行爲，既受輿論的限制，更可見國家不過是一個團體。如果照國家萬能的學說，國家包含一切團體，那麽，個人的意志，雖有時代表團體，但同時也是代表國家。在這種情形之下，決不容反抗國家的權利存在，因爲國家絕不會反抗自己。但是事實上，確有反抗國家的權利。在英國遇有政府破壞契約的事件發生，受害者能向「王座」(Crown)請願。這就是反抗國家的權利，因爲訂約的是國家，而不是政府。個人反抗國家，不是站在人民的立場上，而是站在其他團體的團員資格之上，可見國家和其他團體是平輩了。

輿論不但是國內法的基礎，同時也是國際法的後盾。所以馬氏主張要有國際法庭，因爲有了法庭，輿論才有集中之處。

……………………………………

以上雖是馬氏國家學說的大概，然而事實和理論的關係，也就從此可以證明。馬氏說國家是一團體，它的職能是維持秩序，完全因爲深感近代社會組織的複雜和人類目的的紛歧。他不承認國家享有武力，是因爲覺得非政治性團體的重要，和國際關係的密切。這樣的學說，充滿了時代的精神，才可算是近國家的解剖，而政治學上關於國家性質的學說之紛歧，也可算是得到一個解決。末了，馬氏的國家的觀念和他的民治主張，都是多元國家論者的論調。可是馬氏雖站在他們的立場，而他們的許多通病，馬氏確同時又能擺脫，尤其是他對於法律和道德的界限分得狠清，不像狄驥(Duguit)和葛拉市(Krabbe)那班人把倫理和法律混而爲一。這確是馬氏的特點。

二十年五月一日脫稿

韓非底法律思想

丘漢平

一、年代及其著述

據史記：韓非是韓國的公子，喜刑名法術之學，與李斯同受業於荀卿。當時韓很削弱，韓非曾上書陳治國之策，韓王不納其言，於是發憤著書，攻擊當時的政府。又因國家所養非所用，所用非所養；因此主張極端「功利」主義，倡議法治，明刑賞。後來秦始皇見韓非的書，慕其才，極想收用他。及秦攻韓之事發生，韓王始令非入秦。後因李斯姚賈之言，非遂入獄，死于獄中，時西曆前二三三年。

韓非子相傳爲韓非撰。漢書藝文志載韓非子五十五篇。張守節史記正義引阮孝緒七錄載韓子二十卷，篇數卷數皆與今本相符。惟王應麟的漢藝文志考作五十六篇，較班固的藝文志多一篇，此或傳寫之誤。至于韓非子註則不知何人作，但考元至元三年，何犿本稱舊有李瓚註，鄙陋無取，盡爲削去云云。如此，則註者當爲李瓚無疑，然瓚爲何代人，犿並未提起。王應麟玉海已稱韓子註不知何人作，諸書亦別無李瓚註。未知犿據何本。

據犿本僅有五十三篇，其序稱內佚姦刼一篇（今作姦刼弒臣）說林下一篇及內儲說下六微（今本無此篇目）內似煩以下數章。至明萬曆十年，趙用賢購得宋槧與犿本相校，始知舊本六微篇之末尙有二十八條，不止犿氏所謂數章。說林下篇之首尙有「伯樂敎二人相踶馬」等十六章，諸本佚脫其文，以說林上篇「田伯鼎好士而存其君」一章逕接此篇「蟲有蚘者」一章，（今本亦作蟲有就者，確係說林下第十六節。）和氏篇之末自「知雖獻璞而未美未爲主（四庫全書總目作玉誤）之害也」以下脫三百九十六字；姦刼篇之首自「我以清廉事上而求安」以上脫四百六十字。其脫葉適在兩篇之間，故其次篇標題與文俱佚，傳寫者各誤以下篇之半連于上篇，遂求其下篇而不得，其實未嘗全佚也。世又有明周孔敎所刋大字本，極爲淸楷，其序不著年月，未知在用賢本前後。考孔敎舉進士，在用賢後十年，疑所見亦宋槧本，故其本與用賢本同，無所佚闕。後來吳鼒本明趙文毅本，參以他本改易，更經顧千里之校刋，又益以識誤三卷，闡發義蘊頗多，韓非子一書比較完善了。

以上是本子的考訂。韓非子決不是出自韓非之手。按史記非本傳稱非見韓削弱，數以書諫韓王，韓王不能用，悲廉直不容於邪枉之臣，觀往者得失之變，故作孤憤，五蠹，內外儲，說林，說難，十餘萬言；又云人或傳其書至秦，秦王見其孤憤五蠹之書，則非之著書當在未入秦前。史記自叙所謂韓非囚秦，說難孤憤者乃史家駁文，不足爲據。這幾篇雖然是司馬遷所舉的篇名，但司馬遷的話未必可靠的。如所舉莊子之漁文盜跖諸篇，據今人校訂，皆爲僞作無疑。他有時把神話當爲史料，這未免太不留心了。且司馬遷作史時代，離非已很久了，那時僞書怕不定很通行，司馬遷卽據以爲非著的，也是很可能的。

今書冠以初見秦，次以存韓，皆入秦後事，雖似與史記自叙相符；然傳稱韓王遣非使秦，秦王說之未信用，李斯姚賈之言害之，下吏治非，李斯使人遺之藥使自殺，計其間未必有暇著書。且初見秦存韓二篇之性質，截然不同。初見秦乃張儀說秦王的話，所以勸秦王攻韓。非自己是韓國人，秉有血統關係，必無如此不愛國之理。存韓一篇，終以李斯駁非之議及斯上韓王書，其事與文皆爲未畢。況此二篇性質絕對不容幷立，這是很可疑的。

第六篇有度，所說的是荆齊燕魏之亡，韓非死時，六國皆未曾亡，齊亡最後，那時非已死去十二年了。此外文勢不同的地方也很多。揚搉（此從顧千里校本作楊權）一篇，其辭大都有韻，絕異他篇。惟這篇和主道相同，大概這二篇是另一人作的。解者喩者諸篇又另是一人所作。八說與心度又似另一人手筆，而八說中間雜有似非的佚文。功名一篇完全是愼到的勢治論，絕非韓非學說所能容的。如果難勢是眞的，這篇就是假的了。在難勢篇非駁愼到的勢治論似乎十分可信而在功名篇卻言勢之重要。思想精微如韓非，決不會如此的矛盾。又次篇大體，全是愼子裏抽出的，更足證明不是非自己著的了。

依胡適之先生的鑒訂，韓非本人所著的書可靠的只有下列七篇：

顯學 五蠹 定法 詭使 六反 問辯 難勢

據他說這七篇是以學說的根據。在他的哲學史裏，胡先生用符號做個區別：凡是引到這七篇的文字他都認爲是韓非的，故用直線符號；若不是屬這七篇範圍以內的，就用曲線符號，表示韓非子的。這樣整理國故固然很好！且胡先生所說的七篇，大抵可靠。不過我們生在此數千年後欲斷定其是否爲古人之作品，乃一極難之事。我們所能做到的，只能闕疑而已。在韓非子中，有幾篇簡直是重覆的。倒如用人一篇所論大抵與定法同，惟文勢則異，此殊可疑，許是後人綴其餘論作的。我在這本書取舍眞僞的標準有三：(一)貫串思想，(二)文勢相同，(三)傍證。但六反一篇，以我觀察的結果，似乎是二篇合成的。自「畏死難降至索國之富强不可得也」爲六反一篇或其一部分。自「古者有諺曰」至篇末，當係另一篇，與六反不相干。因爲在這七篇中只有這一篇的思想是首尾不連接。其餘的七篇，均是一串思想。如難勢之專論勢位與法治，問辯之專論功用與法治，定法之專論術與法，說使之專論名利威的重要，八說之專論時下社會言行的錯謬（不過這篇似有後人竄入的），五蠹之專言治法，顯學之專論參驗。除此八篇外，尙有幾篇似乎是非的學說，而經後人的增入。例如內外儲上下，難一，等。若是我們只爲研究韓非的法律思想和政治思想上舉八篇已很夠了。這是我現時所可想到的，以後若有別的考據，或改正地方，自當隨時注意。

二、思想的系統

法治主義乃戰國末季最流行的學說。實行此主義最早的有子產，管仲，商鞅等人；而倡明此主義最先的要算愼到了。愼到之後，法治主義幾乎是當時最有勢力的學說。到了韓非時代，秦的勢力已擁有一統天下之概。那時韓國非常削弱，一般遊說之士，羣以王道爲得官爵的進見禮；實際上，他們對于社會狀況毫不考察其病源，一味妄發先王之道，韓非看到祖國之衰弱，不免憂忿，於是發表議論，痛詆當時政治，詳述法治主義之優點。在另一方面，韓非是富於歷史智識之人，對于古今治亂之道，瞭如指掌。他觀察了人類是進化的，故提倡「因時制宜」的學說；用今人的口氣來說，便是「進化論。」他絕對否認有一成不變的道理。

後人受前人的影響，這是不可免的。況且古時書籍沒有現在的復雜，我們更可相信韓非的想思多半是承受前人的。據史記，他和李斯同學於荀卿，故不免受了荀子學說的洗禮。荀子的禮和韓非的法實際上沒有多大分別，不過他們的範圍及手段有點不同就是了。且荀子的「法後王」與韓非的「因爲之備」最相同。又韓非的性惡論及利己說我們可以斷定是受自荀子的。從老子的「道的無爲主義」蛻變了他的「法的無爲主義」 在老子看來，道是萬物之根源，故他反對一切人爲的制度。韓非看到老子學說之不合實際，因爲人類歷史是前進的，不是後退的；人類慾望是生長的，不是退縮的：所以老子的「道」一到他的腦裏便變爲「法」了。從目的方面來看，他們都相同的——無爲而治。惟二人之理論基礎恰好相反，老子以爲人來代天行道是不可以的，故主張「聽自然」；而韓非則以爲社會之能成爲社會，全靠一種有秩序的組織，故主張「用法律」 簡單說來，一個是反對法律，一個是主張法律。

在五蠹重法二篇，我們可以窺見他曾經看過商君管仲申不害等人的書。在難勢篇，我們可斷定他曾讀過愼到的書。有了這許多人的學說供他參考，就可舍短取長，毋怪乎他的學說是集法家之大成了。

三、法治的意義

有人詆法治主義是「死的主義，」註一 又有人批評「法治主義」是「機械主義，」註二 更有人說「法治主義」是「不澈底主義」註三；這都是不明法治主義的性質！ 法治主義何嘗是死的主義？ 何嘗是機械主義？ 何嘗不澈底？ 如果說法治主義是死的，機械的，近世的心理學也是死的機械的了。 簡單的說，法治主義是一種相對的，客觀的主義。 我們要明白牠的性質，最好先和別的主義分別一下，今試把韓非對于法治主義與「人治」「勢治」「德治」「術治」等主義的見解述之。

(一)法治與人治

人治主義是主張「以身作則」的，故當局者須自己恪守禮教規律。 孟子說：「君仁莫不仁，君義莫不義，君正莫不正，一正君而國定矣。」(離婁上。)又說：「君行仁政，斯民親其上，死其長矣」(梁惠王上。) 幾乎以一國之治亂全繫在當局者之賢愚及其人格！ 這種賢人易得嗎？ 照孟子的卜卦，要五百年才有「王者興」，太可憐了！ 等到五百年才一治，天下的人民不是死盡了，至少也要殺到「不亦樂乎」的地步了。一世有一世的治亂，爲什麼我們把現世治亂的責任，交給茫茫渺渺五百年後的人呢？ 試問五百年後的人又要交給誰呢？ 這種聽天由命的政治就是法家所攻擊的。 法家不想悠悠之未來，亦不憶那津津有味的堯舜政治，他們只想如何去解決現世的問題。註四 現世的問題是如何可使國家太平，可使人民得到福利，至于五百年後有「王者興」或已成過去的堯舜政績，他們都丟開不說的。 故韓非痛罵那一般侈談王政的人很厲害，他說：

『今世儒者之說人主，不善今之所以爲治，而語已治之功；不審官法之事，不察姦邪之情，而皆道上古之傳，譽先王之功成。……此說者之巫祝。』顯學

這班腐儒不察情勢，挾了幾本古書就論什麼堯舜之政。 於是韓非說：

『且夫百日不食以待梁肉，餓者不活。 今待堯舜之賢，乃治當世之民，是猶待梁肉而救餓之說也。』難勢

現在我們是不待堯舜之賢而欲來治當世之民，故不得不採納一種客觀的標準。 不論堯也罷，紂也罷，我們都要他們照這標準去治國。 若是事事要靠賢人，就要如愼子所說的「復反於不瞻之道矣」 因爲『賢智的力量，無論在上是如何聰明才幹，總有應接不暇之勢，常時而窮。註五 韓非論子產一段事，確是有趣。有一天子產出去，過東匠之門，聞婦人哭聲，便停足細聽。 後來遣吏執而問之，則手絞其夫者也。 異日，其御問曰：「夫子何以知

之？」子產說：「其聲懼。凡人于其親愛也，始病而憂，臨死而懼，已死而哀。今哭已死，不哀而懼，是以知其姦也」。在此我們，是很佩服子產的見識。但是事事皆如此，則子產之智窮矣。故

『姦必待耳目之所及而後知之，則鄭國之得姦者寡矣。不任典成之吏，不察參伍之政，不明度量，恃毒（毒作獨解）聰明，勞智慮，而以知姦，不亦無術乎？且夫物眾而智寡，寡不勝眾，智不足以徧知物，故則因物以治物。下眾而上寡，寡不勝眾者言君不足以徧知臣也：故因人以知人。……夫知姦亦有大羅，不失其一而已矣。』

「一」則是「法。」有「典成之吏，」則事事可斷於法。韓非說得好：

『釋法術而心治，堯不能正一國；去規矩而妄意度，奚仲不能成一輪。……使中主守法術，拙匠守規矩，則萬不失矣。』用人

故法之效用，在于中主可以治國。亞里斯圖德說法之目的在使聰明者不踰法，就是主張法治的論調！

（註一）莊子天下篇說：『豪傑相與笑之曰，「慎到之道，非生人之行而至死人之理，適得怪焉。』

(註二) 梁任公說：『法家以道家之死的靜的機械的唯物的人生觀爲立脚點，其政治論當然歸宿於法治主義——即物治主義。』（先秦政治思想史二六二頁）又說：『法家之以權衡尺寸喻法而以被量度之物喻被治之人也，彼忘却被量度之物不能自度而被治之人能自動也。使吾儕方以尺量布，而其布忽能自伸自縮，則吾尺將無所施，夫人正猶是也。……法家等人于機械，故謂以「機械」的法馭之，則如物之無遁形；曾不思人固與物異其情也。』（同上書二五九至二六〇頁又一百三十四頁）梁先生之未明法律的性質，於此見之矣。詳細討論，參觀末章。

(註三) 儒家大都持此議論。孟子曾說「徒法不能自行，」後人解得蜿曲不通，余擬別文論之。

(註四) 余著的慎子底法律思想（法學季刊第三卷第三期頁一三四）。

(註五) 西洋政法學者亦有反對賢人政治。這派我名之曰「現世哲學派」。

(二) 法治與勢治

勢治之說，倡自慎到。他說：

『飛龍乘雲，騰地遊霧；雲罷霧霽，而龍虵與螾螘同矣：則失其所乘也，故賢人而拙於不肖者，則權輕位卑也；不肖而能服（於）賢者，則權重位尊也。（「於」係衍文）堯爲匹夫，不能治三人。而桀爲天子，能亂天下。吾以此知勢位之足恃，而賢智之不足慕也。夫弩弱而勢高者，激於風也。身不肖而令行者，得助於衆也。堯敎於隸屬，而民不聽；至於南面而王天下，令則行，禁則止。由此觀之，賢智未足以服衆，而勢位足以屈賢者也。』（胡適引文用『任』字。茲用『屈』字。蓋從涵芬樓本。）

當時的人難他說：

『飛龍乘雲，騰蛇遊霧，吾不以龍蛇爲不托於雲霧之勢也。雖然，夫「釋」賢而專任勢，足以爲治乎？（今本作擇茲從顧千里校）則吾未得見也。夫有雲霧之勢，而能乘遊之者，龍蛇之材美也。今雲盛而螾弗能乘也，霧醲而螘不能遊也。夫有盛雲醲霧之勢，而不能乘遊者，螾螘之材薄也。今桀紂南面而王天下，以天下之威爲之雲霧，而天下不免乎大亂者，桀紂之材薄也。且其人以堯之勢治天下也，其勢何以異桀之勢亂天下也？夫勢者，非必能使賢者用已，而不肖者又用已也。賢者用之，則天下治；不肖者用之，則天下亂。』（難勢）

這個反駁，可謂犀利絕倫。堯舜與桀紂同爲天子，而其結果則前者治，後者亂。此爲何故？因爲堯舜的材和桀紂不同，這好比龍虵的材與螾螘不同。一旦有雲有霧，龍虵則飛天，螾螘還是在地。堯舜桀紂皆有政權，然其成績則前二者治天下，後二者亂天下。這便是證明「勢」不足以治亂天下。但爲什麼桀紂得到勢便亂呢？又說：

『人之情性，賢者寡而不肖者衆。而以威勢之利，濟亂世之不肖人，則是以勢亂天下者多矣，以勢治天下者寡矣。夫勢者便治而利亂者也。故周書曰：「毋爲虎搏翼，將飛入邑，擇人而食。」夫乘不肖人於勢，是爲虎搏翼也。……桀紂得乘四行者（四行卽種種暴虐行爲），南面之威爲之翼也。使桀紂爲匹夫，未始行一而身在刑戮矣。』難勢

但是愼子說的勢位，也很有幾分道理。要人握到政權（勢位），至少可以跋扈一時。以孔子之賢，尙且屈服魯哀公。夫孔子屈服魯哀公者勢也。愼子就是說，惡人得到勢，比什麼賢人的權威更大。故他不尙賢，而主張「勢位」論。從已往的歷史看察起來，勢位確很重要。試問歷來當國者有幾個是超等人材？

不過韓非不信愼子的勢位論在于勢能治亂天下。故韓非進一步去辨別「自然」之勢與「人爲之勢。」自然之勢是不可改變的，而人爲的勢。乃「人所得設。」他說：

『勢必於自然，則無爲言於勢矣。吾所爲言勢者，言人之所設也。夫「堯」舜（今本作聖舜誤）生而在上位，雖有十桀紂不能亂者，則勢治也。桀紂亦生而在上位，雖有十堯舜而不能治者，則勢亂也。故曰：勢治者則不可亂，而勢亂者則不可治也。此自然之勢也，非人之所得設也。』難勢

這樣看來韓非豈不是尙賢嗎？豈不是還主張賢人政治嗎？但韓非解釋的很淸楚：

『且夫堯舜桀紂千世而一出，……世之治者不絕於中。吾所以爲言勢者，中也。中者上不及堯舜，而下亦不爲桀紂。抱法處勢則治，背法去勢則亂。今廢勢背法而待堯舜，堯舜至乃治，是千世亂而一治也；抱法處勢而待桀紂，桀紂至乃亂，是千世治而一亂也。……夫棄隱栝之法，去度量之數，使奚仲爲車，不能成一輪。……釋勢委法，堯舜戶說而人辯之，不能治三家。夫勢之足用亦明矣，而曰必待賢則亦然矣。』難勢

這種待堯舜來治的理論，猶似

『待越人之善游海者，以救中國之溺人。越人善游矣，而溺者不濟矣。』難勢

故法治之特點，不在于有堯舜之政，而不至于有桀紂之亂。法家所取的人是「中等人材」在社會上中等人材實居多數。如堯舜孔孟之人，可說是少之又少。把一國之人材。

治亂放在這少之又少的人的肩上，這未免是「待粱肉而救餓」「待越人而救溺」之說了。堯舜之治，是例外的政績——要千世才有一現的機會；桀紂之亂，也是例外的政績——要千世才不幸一現。照前說——待堯舜，則亂多治寡；照後說——待桀紂，則治多亂寡。孰是孰非，讀者不難看出了。法家明乎此點，故丟棄千世一出之堯舜，而擁護世世有的中等人材。我以爲中國的政論家，只有法家是最實際的最澈底的！

（三）法治與德治

「德治」可說是人治主義之一種。惟在根本上有一個不同地方。前者是道德的政治，後者是賢人的政治——卽以身作則主義。有一班人專門說賢人來主政的，就是人治主義——狹義的。另有一班人是主張政府須用「仁義」化民的，就是德治主義。從廣義來說，德治主義僅是人治主義的另面觀。惟德治說含有禮教的規律，此其特點。法律重「行爲」(act)，而道德則重「動機」motive。譬如我樂善好施，表面上看來是一個慈善家，具了道德的條件——仁愛。倘若我的樂善好施是別具一種「報酬」的念頭——例如博得好名，就違反道德的條件了。孔子不是教人「非禮勿視，非禮勿聽」的話嗎？這種自束自省的訓誡，卽是說道德爲完全個人之人格。用這種訓誡來冀望全國人民實行，便是一「

德治主義。」　母子之間，莫是最親愛的，尚且難以「愛」治。　韓非觀察了這事實，便說：

『今上下之接，無父子之澤，而欲以行義禁下，則交必有郄矣。　且父母之於子也，產男則相賀，產女則殺之。　此俱出父母之懷衽，然男子受賀，女子殺之者，慮其後便計之長利也。　故父母之於子也，猶用計算之心以相待也，而況無父子之澤乎？

『今學者之說人主也，皆去求利之心，出相愛之道，是求人主之過「於」父母之親也。　此不熟於論恩詐而誣也。』　六反（照今本。「是人主之過」爲一句，「父母之親也」爲一句。誤。二句應合一句讀始通。「於」字加入）

故韓非主張：

『明主之治國也，衆其守而重其罪，　使民以法禁，而不以廉止。　母之愛子也信父；父令之行於子者十母。　吏之於民無愛，令之行於民也萬父母。　「母」（顧千里謂須如「父母。」實卽加「母」字足矣）積愛而令窮，吏威嚴而民聽從。　嚴愛之筴，亦可決矣。』　六反

他以爲道德僅可行之於極少數的人。　有幾個如老子孔子呢？　故他引老聃之言「知足不辱，知止不殆」而加以評論：

『夫以殆辱之故而不求于足之外者，老聃也。　今以爲足民而可以治，是以爲民皆如老聃也。』　六反

「以爲民皆如老聃」便是盲目的政治了。韓非更進一步說明德治的效力終究是要助于法的：

『且夫以法行刑而君爲之流涕，此以效仁，非以爲治也。夫垂泣不欲刑者仁也；然而不可不刑者法也。先王勝其法，不聽其泣，則仁之不可以爲治亦明矣』五蠹

故德治主義是妄想的。能夠達到道德的政治，固爲吾儕所希望。註一 不幸人類的利己心很重，不似儒家所想像的「人」，所以我們不能夠閒坐高談闊論，講那夢話：蓋「爲治者非一人」也。

『故有術之君，不隨適然之善，而行必然之道』顯學 這適然之善，卽是仁義道德的政治，但是治國方法決不能隨此適然(卽偶然)之善，却須行必然之道。此必然之道，卽是「法治」。那一班天天高唱德治的人，猶似

『巫祝之祝人曰：使若千秋萬秋千歲萬歲之聲括耳。而一日之壽無徵于人。』顯學

(註一) 卽使道德的政治能實行，法律仍是必要的。詳見Stammler: Theory of Justice第二章

(四)法治與術治

有人問韓非：

『申不害，公孫鞅，此二家之言，孰急於國？』定法

韓非應之曰：

『是不可程也！人不食，十日則死；大寒之隆，不衣亦死。謂之衣食孰急於人，則是不可一無也，皆養生之具也。今申不害言術，而公孫鞅爲法。術者，因任而授官，循名而責實，操殺生之柄，課羣臣之能者也，——此人主之所執也。法者憲令着於官府，「刑」罰必於民心，賞存乎慎法，而罰加乎姦令者也，——此臣之所師也。（此處「刑罰」必於民心，據意當作「賞罰」必於民心。蓋是句之下，說明賞與罰之適用也。若改爲賞罰必於民心，其意卽謂賞罰須按照民意也。）君無術則弊於上，臣無法則亂於下，此不可一無，皆帝王之具也。』同上

故「術」是

『人君之所密用，羣下不可妄窺。』尹文子

可知術治是一件秘密的東西。是人君密用以治百姓的一種手段，和『編著之圖籍，布之於百姓』的公開無私的「法」截然不同。實際上說來法與術是二個不同東西，術

是一種手段，是一種方法。在國際上往來，術尤其是不可少的。韓非是不贊成單純的術治或法治的。有人問他：

『徒術而無法，徒法而無術，其不可何者？』定法

他說：申子就是徒術而無法的人，其結果即

『晉之故法未息，而韓之新法又生。先君之令未收，而後君之令又下。申不害不擅其法，不一其憲令，則姦多。故利「在」故法，（原文爲「者」不通。）前令則道之；利在新法，後令則道之；利在故新相反，前後相【勃】，（應作「悖」）則申不害雖十使昭侯用術，而姦臣猶有所譎其辭矣。故託萬乘之勁韓，「十七年」（原作七十年從顧校）而不至於霸王者，雖用術於上，法不勤飾於官之患也。』同上

「徒法而無術」即如商子：

『公孫鞅之治秦也設告相坐而責其實連什五而同其罪。賞厚而信，刑重而必。是以其民用力勞而不休，逐敵危而不却，故其國富而兵强。然而無術以知姦則「以」其富强也資人臣而已矣。（「以」係衍文）……故戰勝則大臣尊，益地則私封立，主無術以知姦也。商君雖十飾其法，人臣反用其資。故乘强秦之資，數十年而不至於帝王者，「非」

法不勤飾於官，主無術於上之患也。』「非」係加入原文無

有人再問：

『主用申子之術，而官行商君之法，可乎？』

韓非應之曰：

『申子未盡於【術】，【商君未盡於】法也。』括弧內字係加入

何以故？ 蓋

『申子言不踰官，雖知「弗」言。「弗」加入 治不踰官，謂之守職可也。知而弗言，是「不」謂過也。「不」應刪去 人主以一國目視，故視莫明焉；以一國耳聽，故聽莫聰焉。今知而弗言，則人主尙安假借矣。』 定法

而商君之法則

『日斬一首者爵一級。……官爵之遷，與斬首之功相稱也。 今有法曰，斬首者令爲醫匠，……而以斬首之功爲之，則不當其能。 ……今斬首者，勇力之所加，而治者智能之官，是以斬首之功爲醫匠也。』 定法

在這裏，我們可以見到韓非思想的精透了。 申子之術，乃欲使爲官的「安分守已，」

其極也，就弄到人君無從知道「民衆」的情形。商君的法，以斬首多者爲標準，其極也就弄到把武士當做醫官了。豈不是笑話？故韓非說：

『二子之於法術皆未盡善也。』定法

因此韓非的學說，不偏於申子，亦不偏于商君，他看到了他們的弊病，故主張「以事責其能」。「以事責其能」就是說要看那個人的材幹能力而後去定當他的官職。這樣一來，則事各有專人盡其能，不會走到商君的極端了。周秦的法家及政治家，大都主張實利主義。商君的實利主義最狹，而韓非的見解就很廣了。

現在我們要問法治主義的特點在那裏？法治云云，最少有下列幾個特質：

一、客觀的方法——反面就是主觀的。（註一）

二、實用於一般的人民——反面就是少數的。

三、民主政治的必然條件——反面就是非民主的。

四、公開的——反面就是秘密的。

詳細討論，可閱「法之性質」章。

（註一）法是一件無知之物，故能得其事，八說篇說：『人之不事衡石，非貞廉而遠利也；石不能爲人多少，衡不能爲人輕重，求索不能得，故人不事也。　明主之國，官不敢枉法，吏不敢爲私，貨賂不行，是境內之事盡如衡石也，』

四、法的基礎

儒家的正統哲學，統以性善說爲出發點。　迨至荀子，始有系統的性惡論，與性善說相對衡。　韓非在先從荀子求學時，當然受了這性惡學說的影響。　在儒家的荀子，以爲欲匡斯弊，唯有約束的禮。　而在韓非，禮是無濟於事的。　在他看來，人性既惡，則空空洞洞的禮無從去使百性爲善；所以他主張用有強制力的法律來代替荀子的禮。

現在有許多研究先秦政治思想的人，都以爲韓非是完全承受性惡論的。　這實不盡然！　我們細細剖解非的思想，不但沒有完全承受性惡論，並且在其承受的部分之內，還有相當的更正，其變改的結果，若細微的分析起來，可以說脫了荀子的性惡論了。　爲什麼後人說非是唱性惡論呢？　因爲他時常說明人是好私，只爲自己的利益的盤算，這爲私爲已的心便是性惡的證明。　作此言者，可以說沒有弄清楚何爲性惡，何爲利已？

韓非說：　我們因爲人人有利已心，所以要防範利已心的衝突；能夠使人人爲已，而又不侵害他人和社會，便是我們的目的。　若說利已心即是性惡，那無異說人不是人了。　利已心是社會進化的原動力，只怕利己心的調和不好，不怕利己心的升漲，人慾日熾，社會組織愈密；同時應付環境的方法也愈多。

韓非更進一步證明利己心是人人有的。他說：

『且父母之於子也，產男則相賀，產女則殺之；此俱出父母之懷衽，然男子受賀，女子殺之者，慮其後便計之長利也。故父母之於子也，猶用計算之心以相待也，而況無父子之澤乎？』六反

我們現在要希望這班在上的官吏，愛民勝如父母，不啻是做夢。表面上，大家都裝飾大我無私，爲民爲國，而實際上却個個假公濟私。比較好些，也無非爲了自己的生活。所以韓非坦白的說出時下人士：

『今學者之說人主也，皆去求利之心，出相愛之道，是求人主之過【於】父母之親也：此不熟於論思詐而誣也。』六反

他老老實實地說人主所望的，是霸王之業，人臣所想的，是富貴之路。故曰『霸王者，人主之大利也：……富貴者，人臣之大利也。』六反　利用各人的大利所在，國家便可安然無事了。但要劃分各人的大利，必要有嚴明的規條才可以達到，寧可個個在自己法定

範圍內牟利，不願人民舍己以爲人。 因爲前者是普遍現象，後者是罕有現象。 我們只望個個人「爲私守法，」不願少數人「爲公守法，」依照這個推論，故非主張『使民以法禁而不以廉止。』六反只怕不用嚴明的法律去制裁利己慾，不怕利己慾沒有方法可以制裁。 能夠用利己心之所長，去其所短，社會就安然前進了。

這利己心便是韓非的法律基礎。 法律的目的，卽在於如何調和這各人的利己心。這「如何調和，」便是方法。 以下數節卽爲討論這個問題。

五、法律進化論

法律是一種手段去實現一種目的。 這個前題成立了後，我們才可討論其餘問題。因爲法律是手段，故其應付社會環境，隨時代而變遷。 這點韓非解釋的很透澈，他說上古之世，禽獸很多，人民不勝其擾，有聖人起來，教民搆木爲巢。 又因吃生物，疾病很多，有聖人教民鑽木取火。 到了中古，天下大水，鯀禹出來決瀆。 迨至近古，桀紂暴亂，湯武出來征伐。現在若有搆木鑽火於夏后之世者，必爲鯀禹所笑；有決瀆於殷周之世者，必爲湯武所笑，所以現在若有美堯舜湯武禹之道於當今之世者，亦必爲新聖所笑。

『是以聖人不期修古，不法常可；論世之事，因爲之備。』　五蠹

故今有以先王之政，治當世之民，猶守株待兎之類。　社會環境旣變遷，則應付的方法也要變改。　韓非用歷史來證明財產觀念的變遷和經濟狀況的遞嬗。　他說：

『古者丈夫不耕，草木之實足食也；婦人不織，禽獸之皮足衣也不事力而養足，人民少而財有餘，故民不爭：是以厚賞不行，重罰不用，而民自治。　今人有五子不爲多，子又有五子，大父未死而有二十五孫；是以人民衆而貨財寡，事力勞而供養薄，故民爭：雖倍賞累罰而不免於亂。』　五蠹

因爲生產的供給不足消費的需要，所以社會上起了一種變化。　『故饑歲之春，幼弟不饟；穰歲之秋，疏客必食。非疏骨肉愛過也，多少之實異也。』　仝上

古今異治，完全是社會現象的不同。　用古人的眼光來批評目前社會，自然另具隻眼。

韓非說得有理：

『是以古之易財，非仁也；今之爭奪，非鄙也，財寡也。　輕辭天子，非高也，勢薄也；爭土橐，非下也，權量也。　故聖人論薄厚爲之政。　故罰薄不爲慈，誅嚴不爲戾，稱俗而行也，故事因於世，而備適於事。』　仝上

社會既是進化的，自然不能沿用因襲制度。故非說：

『夫古今異俗，新故異備，如欲以寬緩之政，治急世之民，猶無轡策而御馯馬，此不知之患也。』五蠹

韓非給了許多歷史上的事實，證明同一個方法，而用於不同時代，往往失敗，這就是不因時制宜的弊了。所以「世異則事異」「事異則備變」古之用仁，今之用法，由於社會環境之變遷。人羣既雜，經濟日展，自不能襲用古代簡單的方法來治現世之民。法律便是複雜人羣所產生的一種不可或缺的東西。為什麼法律是比較最好的治法呢？因為法律所選的是中等人材，一般人材。

六、法律的性質

法律是什麼？中國古來學者，從沒有透澈地說過。講到法律，中國人便想到刑罰；刑即法，法即刑，——幾乎法律與刑罰是一件事。我們私法觀念的不進步，不發展，可以說大半是受此名不正的影響，——僅知道用法律來治犯法之人，卻不知用法律來治人羣的關係。

這種「刑」與「法」的觀念，在先秦諸子中已是如此。愼到對於法律的一般性質，尚有

一線痕跡可尋。而韓非的法律概念，已是刑法的概念了。有時，他也不無加以額外的闡明，但此却是少之又少。若未有西洋法律智識的學者，的確是難找出。這不是我們中國學者的罪過，却是自孔子生後，一劈頭便是刑禮，漢以後天下一統，孔子一尊，——只有禮治一說。此後儒家，皆脫不了「竄改過的孔子學說」的影響，根孔子的一句「聽訟吾猶人也，」解的十足烏烟瘴氣。先秦法家只忙於駁斥「禮治，」沒有工夫去仔細地分析法律的性質。韓非生在天下亂極之世，滿目瘡痍；况古代經濟不大發達，私權不重要，韓非也就不能脫離環境的影響了。如果讀中國法律史不把「刑」「法」弄清楚，讀來讀去，還是囫圇。現在有一班半新半舊的法律學生，比較有些舊律智識，便把廿四史的刑法志依樣抄下來，就定名中國法律史，法制史……試一看其內容，不外是「刑法，」說中國刑法史尚可，若說此即是中國法律史，便是把四千多年來的將驢作馬——刑作法——的觀念，一樣的種下去。這種錯誤，即在於不明法律的意義和性質。

『法者，憲令著於官府，(賞)罰必於民心，賞存乎愼法，而罰加乎姦令者也。』定法

這是韓非對於法律的定義。現在我逐一來說明。第一，韓非的法，是官府所奉守的法。(註一) 官府應該依照法律去辦民間的事，不能夠任意予奪。故曰憲令着於官府。

第二，倘若人民犯了法，官府便援引刑罰來定處分。但賞罰要本於民心，才不致引起人民的怨恨。這刑罰便是法的制裁力。第三，如何賞罰才可本於民心呢？韓非又加以說明：一賞存乎愼法。這一句可有二種解說。一是說，凡守法者應該蒙賞；一是說，在賞時應該愼重法律，不要妄賞。這二種解說，皆與非的思想吻合。在此處，兩說均通，因爲第一說是解釋「在什麼情形之下，才可以賞；」而第二說，以賞的事是大家知道，無庸說明，但向來的人君多妄賞以亂法，故非說賞時應愼重法律。「而罰加乎姦令者也；」這是很明白的。凡是違憲令（即法律）的人應該罰他，不要放過。

但法律的性質還不止此。法律在其爲法律時，具有一種獨一威嚴。一切言行，必須依照法律。故曰「法不兩適。」問辯　若是言行有違乎法律者，必須禁止。（註二）

其次，法律不是可以妄定的。故非說：「法者，事最適者也。」問辯　什麼叫做「事最適」的呢？法原是爲公衆，不是爲私。「事最適」便是公；不適，便是私。

綜括起來，韓非認（一）法律是公的；（二）法律是官法；（三）法律是人臣所師的；（四）法律的制裁力是刑賞；（五）法是具有獨尊性的。

（註一）　看他在問辯篇說「官府有法，民以私行矯之，」便知韓非的法律意義了。

（註二）「法不兩適」可有二種解釋，一是說法適於公不適於私；一是法適法律範圍以內之事而不適於法律範圍以外的事。若是範圍以外的事，在上應該責其效果。故他說：『若其無法令而可以接詐應變生利揣事者，上必采其言而責其實。』問辯

七、法律的標準

我們定法律，當然有相當的標準，譬如說，個人主義的法律，拿個人出發點以之規定社會的一切設施。韓非對於法律的取舍，卽以功利爲歸宿。他說：

『夫言行者，以功用爲之的彀者也。』問辯

拿功用爲的彀，便不能吹毛求疵。因爲事事要責其效果，狡者則無所由施。有了功用作標準，言行的好壞就有所據。『言當則有大利，不當則有重罪。』

但功用做的彀，雖然不會怎樣正確，却不失爲一種原則。故非設喩說：

『夫砥礪殺矢而以妄發，其端未嘗不中秋毫也；然而不可謂善射者，無常儀的也。設五寸之的，引十步之遠，非羿逢蒙不能必中者，有常儀的也。故有常，則羿逢蒙以五寸的巧；無常，則以妄發之中秋毫爲拙。』問辯

一個是僥倖，不算巧；一個是實力，中了便算巧。這就是有的無的之分別。若是聽言觀行，不以功用爲之的彀，言雖至察，行雖至堅，還是妄發，希望僥倖而成。故規定法律，若不拿功用爲的彀，便是妄發。什麼叫功用呢！就是事責其實。詭使一篇，便是說當時人君不拿功用爲的彀的害處。

八、法律底運用

韓非既根本認定性惡，所以壞性的人不可不有相當的制裁。禮教的壞處，除了劃定階級外，其最大的毛病便是沒有正當的制裁力。至於法律一經頒布之後，司法機關就依律執行。英儒衞斯力 West-Lake 且認此司法機關之有無爲法律與習慣的經界。如果法律沒有制裁力，那就馬上失其法律的效用了。

這制裁力便是刑罰。法院爲要執行法律，所以對於違反公衆安寧的分子不可不有一種警告。但在施行制裁時，方法各有不同。商君的刑罰主義是採重刑政策。其立論不外是說輕罪重刑，重罪自無從發生。這是一個最錯誤觀念！若把輕罪重刑，重罪又怎樣？輕罪的刑是死，則一般不軌之徒勢必舍輕罪而蹈重罪。重刑不但無補於事，且更促小姦者之入死，此豈社會政策乎？

韓非雖是集法家之大成，他的刑罰觀念仍是和商君差不多。我在商君一篇已討論過，現在只把非的幾段重要話錄出，讀者就不難知道了。韓非說：

『學者之言，皆曰「輕刑」；此亂亡之術也。凡賞罰之必者，助禁也。賞厚，則所欲之得也疾；罰重，則所惡之禁也急。夫欲利者必惡害，害者，利之反也，反於所欲，焉得無惡？欲知者必惡亂，亂者治之反也。是故，欲治甚者，其賞必厚矣；惡亂甚者，其罰必重矣。今取於輕刑者，其惡亂不甚也，其欲治又不甚也；此非特無術也，又乃無行。是故決賢不肖愚知之策，在賞罰之輕重。』六反

韓非只從片面着想，所以陷了極大錯誤。人的病症有輕重，所以醫生開藥方有強弱。社會的病症也是如此。惡人有幾等，我們自不能一律看待，偷竊之盜，當然與殺人放火者有重大區別。現在照非的刑事政策，偷竊之盜一定要受重刑，才可警戒後來者。如果人類只有懼怕心理，那末韓非的重刑主義也許可以防奸止犯。無如人類的心理不只是懼怕，所以警戒主義終不能貫澈實現，我想老子說的「民不畏死，奈何以死懼之」便是警戒這般嚴苛的法家不知社會的病理。我們設死刑，在初是利用人民怕死的心理；等到死生置之度外，死刑就無濟於事，而且在自殺風氣時候，死刑更是火上加油，鼓動犯法。刑法

至此地步，可以說是窮了。

韓非論重刑曰：

『且夫重刑者，非爲罪人也，明主之法揆也。治賊，非治所（蔡）也，所（蔡）也者，是治死人也；刑盜非治所刑也，治所刑也者，是治胥靡也。故曰重一姦之罪，而止境內之邪：此所以爲治也。重罰者，盜賊也，而懼者良民也。欲治者，奚疑於重刑？』六反 韓非用同樣邏輯，以論重賞。他說：

『若夫厚賞者非獨賞功也，又勸一國。受賞者甘利，未賞者慕業，是報一人之功，而勸境內之衆也。欲治者何疑於厚賞？』六反

他又覺得儒道二家的學說「輕刑」「無刑」爲不通，於是竭力駁斥。他說：

『今不知治者皆曰：「重刑傷民，輕刑可以姦止，何民於重哉？」此不察於治者也。夫以重止者，未必以輕止也；以輕止者，必以重止矣。是以上設重刑而姦盡止，姦盡止，則此奚傷於民也。所謂重刑者，姦之所利者細，而上之所加焉者大也；民不以小利蒙大罪，故姦必止者也。所謂輕刑者，姦之所利者大，上之所加焉者小也；民慕其利而傲其罪，故姦不止也。故先聖有諺曰：「不躓於山而躓於垤。」山者大，故人順

之；垤微小，故人易之也。今輕刑罰，民必易之。犯而不誅，是驅國而棄之也；犯而誅之，是爲民設陷也。是故輕罪者民之垤也。是以輕罪之爲道也，非亂國也則設民陷也，——此則可謂傷民矣。』　六反

韓非再進一步以爲民富有之後，如果沒有嚴厲的刑罰，百姓也要犯法的。故非說：

『雖財用足而厚愛之，然而輕刑，猶之亂也。』　六反

他喻以富家子弟：

『夫富家之愛子，財貨足用。財貨足用則輕用，輕用則侈泰；親愛之則不忍，不忍則驕恣。侈泰則家貧，驕恣則行暴，此雖財用足而愛厚輕刑之患也。凡人之生也，財用足則隳於用力，上治懦，則肆於爲非。財用足而力作者，神農也；上治濡而行修者，曾史也，夫民之不及神農曾史亦已明矣。』　六反

老子以爲物質是害人的東西，社會之所以亂，根本上是因五光十色的貨太多，因爲大家要滿足慾望，結果不出於一爭。老子覺得糾正這個社會病症，最好是「知足」，倘若人人「知足」，社會就不必有什麼「刑」「法」「國家」這類東西了。

但是老子這種冀人人「知足」的原則，在這人的社會是做不到的。人之所異於禽獸

者，不知足耳。非洲的巨蛇，獵人常先饗以羊，等牠喫飽後，獵人便下手。因爲蛇食飽之後，便終日躺臥。如果人人知足，衣食之外，不求別項東西，我們便沒有今日的人類世界，和巨蛇是一類的蠢貨。現在的落後民族，便是知足的罪過，試看馬來半島的土人，生活何簡單！

他們除了謀口腹之飽外，什麽也不想？老子所要人人知足的學說，也不能傳達到我們了。因爲人人知足，根本上就無需文字——也不能發明文字。既沒有文字，老子的學說不但無可發表，且也不能發表。故韓非批評的很對：

『夫以殆辱之故，而不求於足之外者，老聃也；今以爲足民而可以治，是以民爲皆如老聃也。故桀貴在天子，而不足於尊；富有四海之內，而不足於寶。君人者，雖足民，不能足使爲天子，而桀未必以天子爲足也，則雖足民，何以爲治也？』六反

因爲這個緣故，韓非仍認重刑是治世不可免。倘若老子駁韓非，我想他一定說：『韓法家，尊意固然可通，但試問民不畏死，刑又有什麽用呢？尤有進者，民富有，便知生之可樂，知生之可樂，自然畏死，這不但心理上起變化，生理上也起變化了。生既可樂，刑罰便有效力了！現在不先想改進民生，而專在重刑着想——無異刻舟而求劍也。』故管子講得最通：

『衣食足而後知禮儀。』

九、結論

我已把韓非的法律思想綱領講完了。現在想將他的學說主腦下一個總結論。試將韓非自己結論的話錄後，以便逐一分析：

『故明主之治國也，適其時事以致財物；論其稅賦以均貧富；厚其爵祿，以盡賢能；重其刑罰以禁姦邪。使民以力得富，以事致貴，以過受罪，以功致賞，而不念慈惠之賜，此帝王之政也。』六反

我想這段文字便是韓非的頭腦，他的一生事業和思想逃不出這段文字。在韓非子一書中，只有這段文字是說盡韓非的學說。如果我來作一個韓非思想的總論，再也不能比此概括了，何以見得呢？現在讓我逐一道來：

一、關于經濟方面，韓非的出發點便是功用，「適其時事」者便是「以事責其功」「以功責其能」這是循環的。因材用事，因事用材。民既非徼倖致富，社會上便不至有諮嗟嘆息，大家靠其本領。

因爲經濟制度不同，貧富不均，所以調和民生方法，韓非認爲賦稅是一個好的方法，賦

稅的標準，要以均貧富爲旨歸。均貧富並不是平分，均者調和也。故均貧富是調和貧富。由此原則我們可以演繹西洋一切的賦稅學說，制度和經濟原理。再進一步，便演出社會主義的經濟學，共產主義的經濟學，民生主義的經濟學。

關于用人方面，韓非實寓有現時歐美的文官制度。「厚其爵祿，以盡賢能」是原則，爵祿要厚，才可引官員的努力；授爵祿須盡賢能之質量而後用事才有成績。賢能者祿厚爵高，庸愚者祿薄位低，誠如是，人民不但可奮其有爲，且必無怨言。

除了爵祿之外，還要賞，凡是官吏人民有特別成績者，政府應按功分賞：這便是西洋講Merits，而不是講人情私利了。

關于刑罰方面，韓非除主張重刑外，便是以過受罪。反面的說，無過者無罪。再從韓非主張法律公布一面觀之，那末律無正條者自然無罪。因爲韓非是主張法律的固定性，同時他也不忘記法律的制宜性，故在制定法律時，韓非以制宜性爲最要緊；及至施行時，韓非却認固定性爲最要緊。前者所以促法律之進化適時，後者所以防人臣之誅賞自由，至此，我們就可知韓非的法律原則是和西洋一樣的趨向：

『法律須穩定，但不可停留。』

基爾特制度與工廠制度

朱通九

社會組織的基礎，係建築在社會的各種制度上面。設一旦社會的各種制度變遷，則原有的社會組織，立呈變化。而社會的各種制度中間，其最重要者，厥爲經濟制度。因經濟制度爲社會各種制度的中心。且經濟制度，與其餘的各種制度，有密切的關係。經濟制度一旦變遷，各種制度，同受影響而立卽同時變遷。換言之，卽社會組織的基礎，建築在經濟制度上面。因經濟制度的變遷，使社會組織立卽變化。這是一種原則，治經濟學的與社會學的學者，都是一致承認的。按工業革命以前的社會組織，係建築在基爾特制度上面，所以工業革命以前的經濟制度，卽基爾特制度。迨工業革命以後，基爾特制度破壞，新的經濟制度——工廠制度——成立，使昔日的社會組織，完全變更，遂遞變而成近代的工商業社會。各階級的地位，既已變遷昇降，而階級的利益，亦卽多寡各殊。故昔日之平和與靜態的社會，一變爲今日之紛擾與動態的社會。社會之進化不已，經濟制度亦莫不日呈變化。使廬山眞面目，不易使人認識。今爲『追溯既往，以明現代經濟制度的背境，分析現代的經濟制度，以測將來的遞變』起見，請先述基爾特制度的內容，次述工廠制度的組織及其利害關係。

一、基爾特制度

（1）什麼叫基爾特？　基爾特是手工藝工人所組織的職業團體。　牠的組織，甚爲簡單。大部分的基爾特，既無固定的辦事機關，更無專門主持基爾特的事務人員及組織規程。　因基爾特的性質範圍不廣，屬於地方者多。　他們工人集會的時期，或由臨時決定，或就休假日期，如中秋、重九，端節等，因工人便於集合。　至於地點，他們借用廟宇或公共機關，因無須支付費用的緣故。　講到他們的規則，大部是習慣法，很像英國的不成文法 Unw-oritten Law。　然他們雖無印就的規程，而執行這種不成文法的規程甚爲嚴厲。　凡違犯此項規程者，在公衆前面須受嚴厲的處分。　至於規則的內容，則規定學徒的年限，學徒的數目，及學徒與業師的關係等等。　茲根據上述基爾特的內容，可知基爾特的目的，在乎限制某項職業的工人數目，以達其勞動獨占 Labour monopoly 的目的。　所以謂基爾特爲手工藝工人的自治團體固可，謂其爲手工藝工人的獨占團體亦無不可。

關於基爾特的歷史，各種書籍記載極少。　據編者的推測，歐州中世紀基爾特的工人，大概羅馬時代奴隸的後裔。　因奴隸時代，所有一切工藝製造，悉由奴隸担任。　厥後奴隸解放，此種具有藝術的奴隸，彼等既無大批的土地耕種，不得不鬻藝以度日。其初也，不過少數的工人，聚在一處工作，一則彼此可以相助，二則對外可以用團體來自衛。其終也，工人愈聚愈多，加以生育的繁殖，當然成一自治團治。故歷史學家有時稱基爾特為一種自治團體 Municipal Goverment 此為歐州中世紀基爾特的大概。至於中國基爾特的歷史，材料更為缺乏。因中國重農而不重工，關於工人的團體史册記載極少。據高麗的歷史記載，謂高麗的行會自中國傳入，成立已有一千多年。於是我們可以推定中國基爾特成立的期間，當在一千年以上。如依史記的記載，謂古時有二人二種：一種是以政府僱用的工人，為政府製造各種貨物：一種是賣藝自謀生活的工人。此二種工人所住的地點，由政府指定的。這種記載，是否可靠，我們固不可決定。但此種工人，既居住在一個區域：他們的往來當然很便利又密切。他們因環境的關係，自成一階級創立一種習慣法，保護他們團體的利益。基爾特制度的發生，或濫觴於是，亦未可知。這是中國基爾特歷史的推測。

（2）基爾特的種類　基爾特的種類，就其性質分類，可分三種。

（A）職工的團體　職工的團體，為基爾特制度中組織最簡單的團體。此種團體，大概以手工藝爲組織的單位，如木匠基爾特，縫工基爾特及漆工或泥水工基爾特等。他們內部的基本人員祗有三種；(1)爲大師傅或二師傅，(2)爲經過徒弟階級的工人，(3)爲徒弟。此三種工人，當以大師傅爲領袖。然此種基爾特會員不多，其範圍屬於一城或一鎭，不及其餘的城鎭，所以屬於地方性質。按此種的基爾特範圍雖小，而數目極多，常爲舊日職業社會的中堅。此爲基爾特中的最普通者。

(B)產業的團體　產業的團體，與職業的基爾特不同。因職業的基爾特，係純粹的職工所組成，且以一種職業爲單位，而產業的基爾特，則包羅頗廣。凡各種商人及各種工人，均可加入。其最特殊之點，則爲其基本會員，必須以某省某縣的籍貫爲限。且此種團體的所在地，必爲大都市或城鎭。其實例如上海之安徽會館，以省的籍貫爲限；甯波同鄉會則以縣的籍貫爲限。按此種團體範圍既廣，勢力比較職業團體雄厚。然其會員亦殊複雜。內部組織時起裂痕，故同一都市，時常有兩個同一籍貫的同鄉會發生，此或爲人類歡喜奮鬥的結果。雖然所謂此種團體內部之分裂者，不過因一二充滿領袖慾者的相互競爭，發生意見，而決非工商階級自身間的衝突。故有一種職業，常爲一種籍貫或二種籍貫所獨占。如澡堂的擦背一項，大的澡堂，以甯波人爲多，而小的澡堂，則以揚州人爲多，此顯係勞工的獨占。除去勞工獨占的職務以外，產業團體兼顧救濟事業，如同鄉中有特殊困難者，同鄉會常負有救濟的責任，故產業團體亦可視爲慈善團體之一。

（C）自治的團體　自治的團體，亦由各該城鎭的工商界所組織。但此種團體，必須在工商發達的城市，始能成立。然此種自治的團體，與上述之產業團體不同。產業團體，由旅外的同鄉，在客地所組織。而自治的團體，則在本地的工商界的所組織。據美國學者威廉氏 P. William 的調査，廣東汕頭與遼甯的牛莊的大基爾特 grand guild 除負責辦理救濟與處理勞工獨占外，兼理移民，公安，公用及規定度量衡等職務，不啻爲近代的市政府。請依次分述之。（1）廣東汕頭潮惠一帶，一二百年以前，卽向外移殖。但外國情狀，工人不甚熟悉，而公會（卽大基爾特）對於此項消息，極爲靈通。如某地需勞工甚殷，某地較易發展等等，均由公會指示，而辦理護照及購買船票等事，亦由工會任之。（2）中國從前向無公安局的設立，一切治安及禦盜等事，亦由公會集資辦理之，故公會有征稅之權。（3）中國公用一項，向由地方團體辦理，而汕頭的工會，亦担任辦理公用之責，如橋梁的建築，街道與道路的脩理，亦莫不由公會集資辦理。（4）中國度量衡的規定，政府向不注意。而制定度量衡的責任，亦付託於公會。據此以觀，此種大基爾特，實與近代之市政府無異，故編者名之曰自治的團體。

(3)基爾特的優點與劣點　關於基爾特的優劣二點楊杏佛先生在所著勞動問題一書內言之綦詳。　茲特節錄如下：

『基爾特究有什麼好處，據某英人說有下列幾種：　(一)制度簡單　他們的制度非常簡單，使同行能互相通一，爲商業競爭場中不可少的，而且在那一的團體裡意志很一致的，譬如有二個廣東人在碼頭上爲了不知什麼事情，打起架來，那些事，就是用政治的方法去解決那也沒用的，要是他們行會，就是中國的會館的長老出來說幾句話，就可了事了。(二)感情融合　凡是在一個行會裡的人，無論等級高下，都很親密的，因爲他們是利害相關的，在每一個行會裏，每年常常有一定時期開會，迎菩薩作樂的。　在專制時代，帝皇不准人民結合開會的，他們沒有方法，所以去找個菩薩做他們的崇拜者，有的找得太慢，找不到適當的崇拜者，就拿了關武聖做崇拜者，這果然是他們聯絡感情的方法，但這也是他們推辭的方法，譬如他們在集合作樂的時候，有人說你們做甚？　他們就可說『我們敬神，敬神是敬不得的吧，』因爲敬神是可以的。　(三)免除競爭　在同行裡的出賣貨物價值是公議的，所以沒有什麼競爭，致使雙方吃虧。　還有他們是各有承師，後進的學徒，都是有一定的進程的。倘使誰犯了規則，就要受罰的。不過因爲他不許第十一人加進去，當一個團體只限十個人的時候，所以那十個人容易懶惰的。這不是競爭的流弊。(四)出品精良，因爲有了行會，師父對於徒弟，都肯盡力傳授的。因爲他們非常重視牌子和信用的，所以對於自己的出品，更不能不精益求精，以維持或增加自己的信用和發揚自己的牌子。(五)勞力分工與組織，在基爾特制度之下，各個基爾特中有組織很完備的勞力分工互相的規約的，所以他們做起事來，有收事半功倍的效力的。(六)訓練眞摯 從前在基爾特的時候情感都非常親密，工師之於徒弟，恰像讀書人拜先生一樣的尊嚴，天地要通知的，三代祖宗要告訴的，以爲這是一生中了不得的事。其實也眞是很大的事，拜了一次先生就是終身的先生了；徒弟的拜師父也是這樣，好像把全生命交給了師父似的，一切自由都有犧牲了，罵也可以，打也忍受的。我在小的時候在蒙館裏唸書每一天要替先生買點心，泡茶的，以爲這是應該的。所以師父對於徒弟，也是非常親密的，好像自己的兒子一般，那嗎那時師父對於徒弟的訓練，當然比現在要眞摯的多。所以出品也當然好些。而且師父對於徒弟責任負很大的，徒弟將來出去就要用師父的大名的。譬如學醫的拜某某做師父的，他將就要掛起某某傳的招牌了，師父名氣大的，徒弟也可生意好些的，就是有些錯誤，也容易得到人家原諒的，好像南京木匠大家都說唐某最好，大家以爲他的徒弟做的東西也終要比別人好些也許有不滿人意的地方，知道這是他的徒弟做的，也就不去罵他了。倘使別一個做的呢，一定要大大地挨罵一頓呢。爲了上述的原因，所以師父不能不眞摯地訓練他底徒弟否則也要累及他自己的名譽的。

『但是無論那一個制度，終不是完完全全，一直可以傳下去的，因爲人類文明日新月異的，昔日的良法善策，也許已和今日的文明不合了。基爾特制度也是這樣。雖是在起初有上列六個優點，但到了十三世紀以後，各種劣點，便漸漸暴露了。它的弊端也分成六種：

（一）把持行業　基爾特行會中，後來在工商業上有專營專賣的特權；那不在基爾特行會中的人簡直不能在工商業上佔一個位子。還有各種貨物的市價及品質，也要由行會辦事人指定，無論那會員不能自己規定什麼條件，或不遵守它的行令的。總之，無論什麼事，個人都沒有一些主權，完全的主權在行會中的；因此有不能使實業有新發展或有不勞而食的分子產生了。

（二）世襲藝術　基爾特行會中的世襲藝術，簡直是把藝術毀滅！什麼說呢？在行會中的人，藝術是世襲的——父傳給子，子傳給孫……——父是做什麽行業的，子也是做什麽行業，因此，有了自私心，把藝術不給別知道，不傳給別人，只是很秘密的一代一代世傳下來。但是藝術，也因此要毀滅，或是損失了！我們想，藝術是守秘密的，一定要傳給子孫的，倘使他不幸而沒有子孫那他仍舊抱着藝術是秘密的，世襲的，不傳給別人，他一天死了，不是把藝術也帶去了嗎？藝術不是就因而毀滅了嗎？再想一想，就是他是有子孫的，但是他的子孫是否個個都和他自己一樣的聰明，或是比他更要聰明，不但能接受他的藝術，也許可以使藝術更加精密些？倘使有的比他愚鈍的，那他的藝術不是就要一代一代的損失了嗎？況且藝術不公開，只限於個人的智力或是少數人的智力去做，其結果終不及公開了，使大家合力共同研究進步的快。總之行會中的藝術世襲，是毀滅或損失藝術的，你看中國歷史上有許多製造品，都是世襲的，現在早已絕傳了不是爲了這個原因嗎？上面都是說藝術世襲對於本身的害處，就是摧殘個性。我們人類個性是各別的，做合於個性的事業，那他對於工作可以更加發生興趣，於事業上有極大的進步，否則他更一些不高興做事了，但是在世襲藝術下面的子孫，沒有使個性適合的權利的。父是做木工的，子也必須做木工的，就是他個性不合於木工的也沒有方法改易，因此他對於行業不發生興趣，於藝術上間接受到損失的影響!

(三)學徒收費 學徒從師工作,不但沒有工錢,反而要給師父學費,在加入組合的時候,又要納什麼入會費什麼會費的,所以學徒的家庭,培養一個學徒到也要許多不應該費的錢呢?而且對於工師,要尊若君父,一些不得違背,倘使有些不是處,苛嚴的責罰就來了,弄得學徒死氣沉沉,一些沒有向上的精神。這些,收納學費,不許違背,都是使學徒增加痛苦,養成奴隸習性,於人道上很說不過去的。

(四)限制出品 人性多喜逸惡勞,能夠少作一些工好一些的,同時又不願因爲少作了工就少拿錢的,他們在基爾特制下的工人常常希望作工時間要減少,代價却要加多,所以就想乘勢利用基爾特的政策,不許別人作工,或是同行中不許多作工,那自己也可少做些工,同時因爲出品的減少,供不應求,價值可以增高,那他仍舊可以拿到和從前相當錢銀。比如鐵匠製刀,依理可以於每天的勞動時間內出刀五把,但是他要減少作工時間,祇做出三把,一方以基爾特名義不許別多做,市面上因爲刀少了,供不應求了,刀價也就漲了,他呢,仍舊可以收入相當的錢,所以基爾特制實是使出品減少,遺害社會。

(五)規則繁重 基爾特制的規則,非常繁重,我們上面已經說過。對於學徒,那更是嚴重了。 入會的時候，要向師父禮拜，並且誓言不做七年徒弟，不能完全自由市民和有從事各種職業的資格。倘使爲了觸犯了行規，那他就可被罰不許滿師，沒有從事各種職業的資格，於是他在社會上就可失卻獨立的地位。 還有必須做七年徒弟纔能滿師，那也不是一種合理的辦法，因爲人智有聰明和愚鈍的，有的聰明的，不必要七年的長時間來學他的工作的，有的愚鈍的七年也不能學完他的工作，那嗎，照理應該允許那聰明的在學完了工作的時候就滿師，那愚鈍的再延長時候使他學完了工作纔允許他滿師這樣，一方可使聰明的不致浪費時間，一方可使愚鈍的不致滿了師仍是不能工作的完滿，但是基爾特規則不然的，不滿七年，雖你聰明，不許滿師，滿了七年，雖你愚鈍，也許滿師的。 再說，有了資格以後沒有經師父和同行的許可，仍不得在社會上做同一的獨立事業的，倘使經過了他們批准，在正式營業之先一定要大宴師父和同行老輩，那些小兄弟們，也必須要請請的。 這種繁嚴的專制手續，中國內地現在仍多存在着。

（六）階級嚴劃 因爲在基爾特制下，那些大老板領幫等依了規則繁重和可以把持行業，所以就成爲一種特殊的階級。 他們可以指揮一切的會員可以享受一切特殊的利權，他們可以不勞而食更可以有高尊的權勢。 儼然好像一個小皇帝！ 和現在的資本家和貴族，沒有什麼二樣；也許他們的罪惡，比現在的資本家和貴族還要重大呢。因爲他們有種種特權，成了一種階級，所以不和那些被壓迫者，夥計徒弟等相交了；猶如現在的資本家和工人，貴族和平民一樣的不相往來！這個「階級嚴劃」也就是基爾特受人們攻擊的一點。』

（4）淘汰的原因　基爾特制度淘汰的原因，可分爲三種：（A）資本制度的確立以後，一切生產，均以巨額爲單位。小規模的手工業，不能與大規模的機械工業競爭，當然被歸併。（B）新工業的生產工具，昂貴異常，不能與昔日之簡陋工具所可比擬。故工業革命以後，基爾特的工人既非資本家，又無籌資能力購買新式工具，與新式工業相抗衡，基爾特爲得不歸入陶汰之列。（C）工業振興以後，各製造廠無不極力宣傳，以冀貨物的暢銷；故近代工業耗費於廣告者爲數至鉅。且各製造家，既以機器爲製造之工具，成本當甚低減，售價又必較廉。將昔日基爾特的商品市場，盡爲所奪，於是手工藝工人的價格契約，從此打破矣！

（5）從社會進化的立場批評基爾特的特性　基爾特的優劣二點，上面雖已節錄楊杏佛君之偉論，然而基爾特對於社會進化上尙未論列。計基特於社會進化上，有二大缺陷。

（A）基爾特之工人富於守舊心理，而乏革命精神。 如藝術的世襲，集團的狹小，生產方法的墨守舊章，均係基爾特工人的保守性的表現。 按保守性爲社會進步的最大阻力，故基爾特的存在與否，與社會的進步，不無多少影響。（B）第二基爾特工人對於生產品額，時加以人爲的限制，以圖最高的利得。 同時限制招收學徒的名額，使工人數目，不能增加，此卽基爾特工人階級的獨占使全社會之消費者，均受相當之損失，就社會公共利益言之，殊欠公道。且社會進步，全賴社會各階級的平均發展，今基爾特工人階級利益的獨點，亦爲阻礙社會進步之一。

二、工廠制度

（1）什裹叫工廠制度　工廠是近代新式的生產機關，工廠制度是近代採用分工制的大規模生產的和用機器生產的生產制度，他的特點，可分三項來討論：

（A）生產的程序　昔日基爾特時代的生產程序，確甚簡單，自開始以至終了，完全由一人担任。 但至工廠制度時代生產的程序，則比較複雜。 大概每羣人專任一種工作，一件商品的完成，經過很多人的工作。 如斯密氏歷舉製造鋼針之手續，須經十八次之多，故工廠的規模愈大，其分工愈細，而工作的歷程亦愈長。 此種生產歷程的延長，卽爲工廠制度特點之一。

(B)大規模生產方法的採用　機器生產，不適宜於小規模生產，而以大規模生產爲有利。因機器的生產率高，若不從事大量生產，成本無從減少。且現在工廠制度之優點，在乎製造速而成本低。成本低而物價廉，手工業的失敗以此，而工廠之特點，亦以此，不待智者而自明矣！

(C)世界貿易 International Trade　工廠制度的第三特點，卽爲交易而生產，爲營利而生產。不但爲全國貿易而生產，幷且爲世界交易而生產。其資本雄厚，動輒以百萬計，其製造數量動輒以千萬計，較諸昔日之家庭工場，何堪以道里耶？

(2)分工制度　什麼叫分工制度？分工的意義，卽一種工人，專司生產程序中的一種工作。換言之，一種工人祗任製成某項物品工作的一部分。就工人的心目中觀之，固無所謂分工，然就生產程序的全部分言之，祗做一部分的工作，故曰分工。

分工制度近代各工廠固已盛行。就生產方面言之，固優點甚多，斯密氏特闢一章，暢論分工之原理。然就分配方面言之，則缺點在所不免。謂分論其優劣之點。

(A)分工的優點　(甲)分工以後，一人或數人專做一種工作，日日爲之，天天重複，不特事專於一，抑且技術易精。（乙）工人專司一項工作以後，技術既精，工作靈敏，他能於短期間內完成大量的工作，其功效在節省時間。（丙）工人手足俱已敏捷，不僅為時間的節省，且為生產效率的增加。（丁）分工以後，工作由繁而簡，學習容易。昔日三年五載而不易學成者，今則祇費三四月的時間，卽能從事工作，其功效卽在學徒時期的縮短。（戊）工廠採用大規模生產原理，雇用多額工人，工廠可用科學管理的方法，實行酌量工人的能力，作為分配工作之標準。如體魄偉大而不甚靈敏者，給以笨重的工作，短小精明者給以輕便而需腦力的工作。使人盡其才，工得其人，所謂工人相配。製造的成本雖未增加，而生產的數量確已大增，此卽分工第五的優點。

（B）分工的劣點　各種制度，有其優點必定有其劣點。分工制度當然不能視為例外。按分工制度的劣點，可分為四。（甲）分工制度實行以後，工作祇作一種工作。不但手續簡易，而且時覺工作單調。欲引工人工作之興味，與服務心，恐極困難。（乙）工人專任一種工作，不明生產工作的全部。如遇失業，招工極感困難。此卽鮑氏 Bogart 所謂『專門人才不，如有普通技術者之易於招工也』。（丙）分工制度的第三劣點，厥為失業問題。蓋各工廠採用分工制度之後，工作簡單而易為，卽幼童與婦女均能任之。故近代中外各工廠，莫不爭先恐後，僱用童工與女工。然工廠數目及勞力的需要額，爲數有限。一部的工作，爲婦孺所奪，結果釀成或增加成年工人的失業。（丁）分工愈細，工作愈精，但各部工作互相依之程度亦愈高。設一部工作因罷工能停頓，使全部生產工作，均受其影響。如今夏法租界水電公司的罷工事件，綿延二月之久，最後雖各部工人復工，而銅匠間工人因故繼續罷工。使已損壞的電車不能立刻修理。以後電車之損壞者日多，雖有開車者，而電車不走動，交通無形停頓。據此事實，可知分工的缺點。再就全社會的利害點言之，社會由分業進而工業分工，固爲社會進化的表現。然分業與分工愈精，人類相互間的依賴亦愈高。如一業因罷工而停頓，全社會均受其害。再以法租界水電罷工爲例，當電車夫宣告罷工之時，交通立卽停頓，上海全市市民均感不便。故分工愈細，工人的技術易精，其功固鉅，而有時爲禍亦頗烈。此卽分工制度之第四劣點。

（3）工銀制度 Wagës System　自私有財產成立以後，卽產生資本家與勞工和地主與勞農。有了勞工與勞農，勞工和勞農替地主與資本家工作，勞工和勞農，當然應有相當報酬，名之曰工資。然而工資這個名詞的產生，由來已久，非工廠制度成立後的產物也明矣。雖然，工業未革命以前，工資固已存在。而工業革命以前之工資，其形式與實質，與近代工廠所發之工銀，大異其趣。何則？因昔日勞動報酬，以貨物支付者多，而今則以貨幣形式付之此不同者一。昔日勞工的食住，大概由資方供給，有時連衣亦供給。除去衣食住三者以外，再給以多少實物或貨幣；而今則祇付貨幣工資衣食住由工人自己處理，此不同者二。昔日工人，衣食住三者，既由資方供給，工人生活，已不成問題，故中外史册，對於工資問題，從未提及而今則因衣食住三者由工人自理，所得貨幣工資，因物價的增加，時虞不足以維持生活，此不同者三。具此上述三種不同之點，昔日之工資决非今日之工資。昔日之工資名之曰實物工資，今日之工資，名之曰貨幣工資。故近代的工銀制度，卽貨幣工資制度。

工銀制度的性質，既如上述，然卽工銀制度的本身，果無種缺陷乎？曰有。工銀制度成立以後，工人遇有二種困難。一爲貨幣數目，由資方决定，工人無參與之權。二爲物價的上落無定，實際工資 Real Wages 時虞下降。使工人所得貨幣工資，不能維持生活。因是一般社會經濟學家如哈勃孫 J. A. Holson 等主張廢除工銀制度，以冀免去工人現在所受的痛苦，而圖工人經濟的解放。

詳攷哈氏主張，是對於勞工界表示同情而發，情厚誼重，具備道德的觀念。惟用意雖良，而對於廢止工銀制度以後，宜以何種新制度以代之，尙未有具體的計畫。故雖一面曰言廢止工銀制度，而工銀制度猶存在如昔，此工銀制度之所以爲今日重大問題也。

（4）童工與女工　工業革命以前，童工與女工，原來不成什麽問題。但現在工業制度成立，生產組織變更，社會的狀態與經濟背境，與從前完全不同。從前沒有發生過的童工與女工問題，也成了一個問題。請先述童工與女工問題發生的原因，次論童工與女工問題的本身。

（A）童工與女工問題的發生　童工與女工問題發生的原因有五：（1）分工制度實行以後，一人祇做一部分的生產工作，將從前複雜的工作，漸漸而簡單化起來。所以從具有藝術的工人所做的工作，童子與婦女亦能分任其勞。且工廠方面悉用機器從事生產，在技術上童工女工與男工比較，除體力外，無甚區別，卽對於出產品的優劣問題，亦不生任何影響，故工廠樂用童工與女工，而童工與女工，受家長的命令與工作的簡易的緣故，亦樂於入廠工作。簡括言之，童工與女工之加入工廠工作，係工作簡單化的結果。（2）工廠係大規模生產的機關，爲世界交易而生產。其產額旣鉅，其所需勞動力亦頗多。然勞動力的供給，除外國勞工移入外，欲一時增加供給，頗感困難。如農產品然，客歲收獲欠豐，糧食增加不易。而勞工一項，短期間內，不能隨意增加，於是工廠方面，不得不增僱童工與女工以應其燃眉之急。(3)貨幣經濟時代，工廠悉發貨幣工資。祗以貨幣工資數目，增加極緩，而貨價上騰，速度頗高。結果工人所得收入大有不足以維持一家之生活，此時主持家政之工人，頗感困難，因思工廠既僱用童工與女工，遂命子女及室家入廠工作，以圖家庭經濟的幫助。(4)昔日婦女的職務爲主持家政，且格於社會風俗習慣，婦女向不出外做工。但現在男女平等，將昔日之舊例，悉行打破，時於女子經濟獨立竭力提倡。故婦女之加入工廠工作，亦未始非社會解放之結果。(5)童工與女工被僱的最大原因，厥爲工資報酬的低廉，因童工與女工的工資，較諸成年男工的工資，相差甚遠。故工廠方面，樂用童工與女工以達其經濟剝奪的慾望。

(B)童工　什麼叫童工？童工是童子，未滿法律上所規定的成人年齡而在工廠工作者，一概叫童工。這是一種普通的解釋。但各國的法律，對於童工年齡的規定，與成人年齡稍有不同。如英國童工法規定凡十八歲以下十四歲以上者爲童工，其童工年齡與未成年人年齡相符。我國法律民國十二年工廠暫行條例第四條規定凡男子女子未滿十八歲者爲童工。而事實上我國的成人年齡爲二十歲，二十歲以下爲未成年人，故童工年與未成年人的年齡，相差二一歲。這是英華二國法律上所規定童工年齡的大概，童工的僱用，社會各界攻擊頗力。其主要點請分述之。（甲）凡未成年人，其身體正在發育時期。正宜如何保護，使其自然的長育。而現在工廠內僱用自八九歲至十五六歲的童工，每日工作十數小時，與童工身體的發育大有妨礙。甚至因工作時間太久的關係，戕害兒童的身體。按兒童爲將來的國民。現在兒童身體的不健全，卽將來國民的身體不健全，這種身體不健全的國民，卽產生身體不健全的子孫，如是相沿下去，對於民族的前途，非常危險。此僱用童工之罪惡一。（乙）兒童自八九歲至十八歲，正應受基本敎育時期。現在童工入廠工作，是剝奪童工受敎育的機會，此僱用童工之罪惡二。（丙）各國社會，均以勞工階級占絕對的多數。勞工階級智識程度的高下，卽能表示該國文化的高下。現在童工既沒有受敎育的機會，將來勞工階級的智識程度，當然甚低。他們生爲未受敎育的童工，至老年仍爲未受敎育的工人，其狀固甚可憐，而對於社會文化，實予以甚大的阻力，此爲僱用童工之罪惡三。（丁）童工自入廠工作之後，具有二大危險：其一爲發生業病，如火柴廠的工人，十人中有九人生肺病，玻璃廠的工人，面部兩頰必甚膨脹，其二爲受機器傷害而成殘廢。此僱用童工之罪惡四。（戊）最後資本家利用童工之可欺，祗給低額工資。一面因多僱用童工而使成年工失業，一面又剝奪童工的工資，實具有雙重的罪惡。在經濟方面觀之，謂之剝奪。在人道方面觀之，謂之違背道德的信條。此僱用童工之罪惡六。綜合上述之六大罪惡故各國爲保障童工安全計，均頒童工法以保障之。其內容及經過，待討論勞工立法時評論之。

(C)女工　凡已成年的婦女在工廠工作者，一概名之曰女工，近代工廠僱用女工頗多，而流弊亦至夥。茲列五項分論之。

(甲)女工工作時間，普通與男工相同。而女工之體力則不及男工遠甚。今以不及男工體力因女工，做同樣長期間的工作，日剝月損女工身體的健康，定被傷害。

(乙)女工因工作的關係，發生二種危險：其一，女工因工作過度而損害身體，甚至傷害女子生育的本能。其二，女子孕育期內照常工作，其影響及於腹內嬰孩的身體。夫女工爲第二代子女的母親，設母親因工作而身體受傷，不但危及腹內之嬰孩，而且累及後代子孫身體的健康。故爲安全許女工殊不宜任笨重之工作，并工作時期，不宜過長。

(丙)女工所得工資，雖較童工所得數目稍高，而較諸男工仍覺太低。細攷女工工資太低的原因，約有四種：(1)女工缺少團結，故他們的論價能力不高。(2)女工的生活，大部由家長維持，非賴其收入爲維持生活之用，故女工不願與資本家爭論多少。（3）女工的流動率（Lurn-ouer）較男工爲高。有因出嫁而停止入廠工作者，有因家長收入增高而輟工者，比比皆是。她們的工作時期，既不甚久，工資或因是而稍低。（4）女工之體力與技術，稍遜於男工。生產力較低，故工資亦較低。

（丁）女工的工資，既較男工爲低，故工廠方面，凡工作之可由女工担任者，當然樂用女工。結果女工與男工競爭，使男工發生失業的危險。故男工的勞工組織，不願與女工合作，此或爲其最大原因。

（戊）女工入廠工作以後，女子的經濟獨立，漸次成功，而女子的社會地位，亦漸提高。惟女子得到經濟獨立以後，她們對於家庭的觀念，日見淡薄，故大家庭制度，將呈崩潰之勢。兹從社會及家庭的見地，評其得失。（1）女工工作時間多，在家庭的時間少，扶養兒女不如昔日之週到。（2）女工因經濟獨立。對於家庭負責的觀念，日見淡薄，故處理家務，不如昔日之負責。如對待翁姑之不甚恭敬，是其實例。（3）女子在廠工作，與外界接觸日多。因女工意志薄弱，甚易受人引誘，結果私奔與離婚之事日多，使社會發生紛亂之象，舊道德因以一落千丈。

女工的入廠工作的種種弊端，已如上述。但女工究係弱者，亦受資本家欺侮剝奪之一。故各國勞工立法，亦設專律以保護之。如生育前後的停止工作，工作時間之短長，均有詳細的規定。

（5）工業上之危險　近代工業，以機器代替手工，因機器轉動的敏捷，及機器的無情，使可憐的工人，發生生命的危險。據哈佛曼 Hoffman 的調查，美國一九一三年工人受意外的危險者，超過二十五萬以上，其因傷而致死者，達七十萬人，其數不可謂不巨。一九一六年美國統計局報告，美國城市的死亡率是千分之一·五，鄉村是千分之十二·九，一九二一年城市的死亡率爲千分之十二·三，鄉村爲千分之十·九。城市是工人聚集的地方，城市的死亡率，比較鄉村的死亡率，似乎高的多，固然有別的原因。惟城市工人死亡率的增加，未始不影響城市死亡率的增高。據此以觀，機器的採用，工業範圍的擴充，與工業危險的程度，按正比例的增加。

……………………

綜合上述事實，知道社會的經濟制度，由基爾特以至工廠制度，使社會各階級的地位與利害，互有升降與優劣。基爾特時代，工人階級雖有勞工利益獨占之弊，而工業和平，尚能維持，而至工廠制度時代，則最高階級爲資本家，勞工階級獨受其害，如工人生活之不易維持，女工童工之坐視被資本家的剝奪，使昔日之工業和平，不能維持。故曰經濟制度之變，更使各階級之利益變更，結果亦使社會組織變更。經濟制度的變遷，吾人研究社會科學者，蓋可以忽乎哉！

清代考試制度

章中如

明沿隋唐科目之制，變帖括爲八股，名曰制藝。前清因之以取士，從此師儒將相，胥由科目以進身，頗以爲法良意美者；殊不知清初士子，學有根柢，迨通籍以後，復致力於經世有用之學，故出而宰世，不蹈不學無術之譏。是人才雖出於時文，非時文之能造就人才也。後世急功近名之士，不於根柢中求學問，僅於時文中討生活。行之既久，陳陳相因。名爲羽翼聖經，實則剽竊揣摩，毫無實用。此士風之所以愈趨愈下，爲世所詬病也。今則科舉之制，已早廢除，青年學子，靡不研求科學，以爲世用。凡從前帖括之藝，幾不知爲何物，考試制度，更不知其如何以舉行，後之研究政治制度史及教育史者，得毋以爲缺憾乎？客窗無俚，爰將前清各種考試，詳爲敍述，非有意記載其廢制也，亦留作後人參攷之資料耳。

著者識

當科舉時代，凡青年學子，發蒙後，卽讀詩經，書經，易經，禮記，春秋左傳，（爲五經）進而讀大學，中庸，論語，孟子。其天資穎悟者，再進而讀孝經，爾雅，周禮，儀禮，公羊傳，穀梁傳。（爲十三經）經書讀畢，卽開講，（亦有旋讀旋講者）學爲應試之文，（卽制藝）讀古文，（如唐宋韓柳歐蘇諸大家之文）時文。（如明之天崇間，清之國初及乾嘉時諸先輩之文）此爲科舉正盛時，以時文代聖賢立言，必須貫串經義，發揮書理爲及格。故所讀皆先正有實學之文。自道咸以後，文格低落，學子以博取科名爲目的；其所爲時文，乃不重義理，而重才華，重詞章。試官之好尚不同，應試者亦卽揣摩風氣，以冀獲雋，制藝遂流爲程墨。學爲文者，舍難趨易，亦卽不讀諸先輩之文，而讀近科中式之文。迨至同光朝，文格愈趨愈下。且以文取士，已數百年，四子書中義理，經前人已作之文發揮已盡，後人難逃其窠臼，故別出新奇，（定制：四子書主朱子集註；易主程傳朱子本義；書主蔡氏傳；春秋主胡安國傳，其後以左傳本事爲文，參用公羊穀梁；禮記主陳皓集說。惟試場均側重四書文，故四書文之變遷爲多。）或遵古解，（如漢儒註疏之類）或創新格，（如專用一經之詞藻，或抱定特別之主義。次則不循正義，不守定式，名爲偏鋒。再下則蛇神牛鬼，五花八門，無奇不有，去制藝之正宗遠矣。）以新人耳目，以倖取科名，殆制藝之末運矣。此專以時文言也。文之外復有詩。（所謂詩者，卽五言排律，亦曰試帖詩。童試歲試，則五言六韻；科試鄉試會試，或試優拔貢，則五言八韻。）學爲應試之詩，始則讀唐宋人之詩，繼則讀清名家之詩，（如七家詩之類）以其根柢深厚，爲詩之正宗。後則專讀館閣之詩，以其詞藻富麗，對仗工穩，利於應試也。詩之外復有賦。（所謂賦者，則駢四儷六，悉係排偶之文。或以題爲韻，或以成語爲韻。少則五六韻，多或八九韻，隨試官之意，註於命題中。作賦者每一韻內，或作四五聯，或作八九聯。其一韻四聯者，則三單聯，一雙聯，謂之唐賦體。其五聯以上或至八九聯者，則三單聯，兩雙聯；或三單聯，三雙聯；或三單聯，四雙聯，或四五單聯，四五雙聯，皆可，視作者之才氣爲之，謂之館閣體。 別有古體賦，雖排句而不成對偶者；騷體賦，既無對偶，而次句末用虛字如『兮』字『些』字類者，但均須押韻）。學爲應試之賦者，必先讀唐人之賦，以爲模楷。 繼讀清名家之賦，及近代館閣之賦，且須讀昭明文選，及各名家駢文，以儲詞藻。 其他典故書，尤宜多讀，因作賦決非儉腹者所能辦也。 此普通考試之制度也。 至取得科名，再分章詳記於下。

童試

凡初應試之童子，名曰文童。（亦曰童生，因在童年也）在本縣禮房報名，（即縣署之書吏）須填具三代履歷籍貫。 並以同考五人互結，復請本縣廩生出結作保，名曰認保，（保其確係本縣之籍貫，且身家清白，非倡優皂隸之子孫，並無居父母之喪者。） 方准應考。初試爲本縣縣官。 （如屬於直隸州籍者，初試即本州州官，廳籍即本廳廳官，府轄不設屬縣者，府籍童生先委同知通判或他縣代行縣試。） 考分四場，或五場，聽試官之便。 （凡應試者入場坐位，由試官先令書吏在卷面上蓋一號戳，試生即按號戳坐位歸坐，不准亂號。既維秩序，且杜親友聯坐槍替之弊。 歲科試鄉會試俱同。 考試程式，應鄉會試歲科試文不得逾七百字，應童試文必滿三百字，策不得在三百字內。 題目皆低二格寫，長題則二行以下皆低三格。 詩題上用『賦得』二字，下註得某字幾言幾韻。 賦題下註以某某字爲韻。或以題爲韻。 春秋題下註某公幾年。 題有一書中複見者，在前不必註，在後註某章或某節。 文論皆頂格寫，詩賦策經解皆低二格寫，詩賦擬古者亦頂格寫。 詩賦官限之韻，不得失押，其餘韻不得重押。 如詩賦官限之韻有兩韻俱收者，應押在前之韻。 六韻八韻詩，不得有重字。 策內不得用執事等字。 又須避廟諱，御名，至聖先師諱。） 第一場，試一文一詩。 其文字粗通者，卽錄取。 越一二日，應第二場覆試，仍試以一文一詩。 其文字劣者，汰去若干名。 錄取者越一二日，又應第三場覆試，試一賦一詩。 （或試以一策一論）文字劣者，又汰去若干名。 錄取者越一二日，又應第四場覆試，試以小講三四藝。 凡僅試四場者，卽以此爲終場。 將應試之童生，全數錄取，名曰長案。 （前三場錄取名次，書圓案。 圓案之中以硃筆書一『中』字。 『中』字一豎上長下短，取其似『貴』字頭，爲吉祥也。 終場名次，書長案。 長案末名之下，以硃筆畫一鈎，示至此截止也。 故嘲取列末名者爲坐紅椅。 如試五場，第四場仍有淘汰，第五場始發長案。） 本縣署將此長案取錄之童生姓名，備文，送交本縣儒學署；（向制，各省府州縣儒學署，各設教官兩員。 府學正者爲教授，州學正者爲學正，縣學正者爲教諭。　府州縣學副者均爲訓導。　統稱之曰教官。　府教授爲取中進士最下所授之職，或由學正教諭資深升任者，或由進士出身之州縣官鐫職降選者。　學正教諭爲舉人大挑所授之職，或爲五貢銓選之職。　訓導亦五貢銓選之職。　嗣後捐納例開，五貢捐儘先花樣，可不俟輪班，提前銓選。　廩貢亦得捐訓導。　又五貢出身，註册俟銓教職者，亦得由本省藩司檄委署理。）　以備儒學署造具申送督學院試之手續。　（屬於直隸州或直隸廳屬之童生；僅此一試，卽應院試。　其屬於各縣之童生，經本縣縣官初試後，仍須申送本管之府署或廳署，由知縣或廳同知再試三四場，一切如縣試。）　儒學署接奉府州縣署發來童生長案後，俟督學院按臨有期，（每省欽派督學使者一人，自京官侍郎以下，翰詹以上，皆可充任。　大略大省派官階大者，小省派官階小者充之。　各省按幾府幾直隸州爲試場，謂之分棚考試。　試至何府何直隸州，該府縣官爲提調，並承辦督學院之供給，如酒席火食油燭紙張之類。　每試生童之正場，是日必備筵席，以宴督學使者，暨閱卷幕賓，謂之大開門。　其書辦承差號房及侍者等，均有犒賞。　供張之外，復須送洋千餘元或七八百元不等，視缺分之肥瘠以爲等差，謂之棚規。）　卽按本州（或本縣）取錄之童生，依次派保。　於初試認保之外，再按名次之先後，加派一廩生作保，以杜認保之舞弊。　（定制，各省各府州縣廩生名額無一定，大率府設四十名，直隸州設三十名，縣設二十名。至多有六十名，至少有一二名者）出榜張貼於儒學署，應試童生，卽先赴認保之廩生，繼赴派保之廩生處，請其作保，需送贄敬若干。認派保廩生，於結上簽押後，持赴儒學署報名，需送贄敬若干。俟督學使者按臨。申送册結公文於學院。院試兩場：一正試，一覆試。正試，試以兩文一詩，覆試試以一文一詩，並默寫聖諭廣訓百數十字。其文字佳者，由督學使者按各府廳州縣入學定額，考取若干名，（大致府取三十餘名，直隸廳州屬取二十餘名，縣取十餘名。邊省小縣，或僅數名。缺大者或丁漕多者，名額卽如多）名曰秀才。（亦曰附生）札發下學，謂之入學。（亦謂之入泮）如童生詩賦經解可觀，及有能背誦五經，或周禮儀禮，並能講解者，文藝平順，亦准錄取發落隨諸生後。）入學之生，再送儒學署教諭訓導（卽府廳州縣之正副教官）贄敬若干；送認派保廩生贄敬若干；送授課塾師謝儀若干。（凡學師廩生授課師受此贄敬謝儀，胥爲正當之收入）從此名列膠庠，爲附生。（或稱之爲文生，爲秀才，爲茂才）學師或試以月課。第二次督學使者按臨時，第一年須應歲試，第二年須應科試，第三年爲大比之年，須應鄉試。此三試，再分章詳叙於下。

歲試

督學使者之歲試，係試已入學之廩增附生，文字之優劣，有無進步也。按臨之次日，督學使者，必率教諭訓導及各屬之廩生，詣文廟拈香。行三跪九叩首禮後，至明倫堂，命教官一人，（即教諭訓導）宣讀臥碑，及聖諭廣訓。（臥碑廣諭爲清帝製以訓勉士子者，詞長不錄。）教官將該府廳州縣額設之廩生，人具一籤，列入籤筒。督學使者於籤筒中抽取一人，命之講書。被抽之廩生，即就案翻開四書，（即學庸論孟四子書。）任便講書一章。翌日，先試廩增附生以經古，（下統稱曰生員。府州縣屬生員同考錄取者，統列一案。他試則府州縣各屬生員各列一案。）命賦詩題各一藝。（或兼試經解及他體文。）此場不列入功令，故生員應考與否，聽其自便。大概有志向上，或欲博取功名者，方應此試。又翌日，試生員。（此爲歲試之正場，凡隸學籍之廩增附生，必應此試。由學署造具格眼册，塡年貌，籍貫，三代，入學幫增補廩年月。除丁憂之生免試外，餘如有他事故未應此試者，以欠考論，下次督學使者按臨時，必須補試。定制：生員欠考歲試三次者，即褫革衣頂，開除學籍。如在營效力，奉旨賞給職銜者，或保舉孝廉方正，給六品頂戴者，免歲試。或入學三十年，或年屆七旬患篤疾者，准給予衣頂免試。）試以四書文一，五經文一，五言六韻詩一。其文字佳者，取列一等；稍次者，取列二等；再次者，取列三等。（向例：文理平通者，列爲一等。

文理亦通者，列爲二等。文理略通者，列爲三等。文理有疵者，列爲四等。文理荒謬者，列爲五等。文理不通者，列爲六等。一等，增附青社均補廩。無廩缺，附青社先補增。無增缺，青社先復附，仍各候廩。原廩增降停者，俱收復，照例補廩。二等，增補廩，附青社俱補增。無增缺，青社先後附。原停廩降增者復廩。增降附者復增。三等，原停廩者收復候廩，其丁憂起復病痊考復緣事辦復及原增降附者，亦收復，照新舊間補。青衣發社者復附，廩已降增者不准復。四等，廩姑免責，暫停食餼，不作缺，予限六箇月，讀書送考定奪。原係降停者，不准限考，至下次歲考定奪。增附青社俱扑責示懲。五等，廩停作缺，原停廩者降增，增降附，附降青衣，青衣發社。原降增降附者，照增附遞降。原發社者，黜爲民。六等，入學未及六年，與廩十年以上，發社。廩六年以上與增十年以上，俱發本處各充吏。不願者聽。餘俱黜退爲民。六等卷先拆，唱名給看，收繳諭令先散。教官率諸生聽候發落，領出試卷，唱名給看。先將訪過優劣生員同衆察實賞罰；次分別考案等第賞罰。一二等，賞絹紗絨花紙筆墨。三等前十名，賞紙墨絨花。四等以下罰如例。領賞用鼓樂導引，行優者居前，次一等，次二等，由中門出。次三等，由東角門出，次四五等，由西角門出。發落不到者，革頂戴。此定例也。嗣後政從寬大，僅分三等，廩增無降級，青社亦删除矣）取列一等者，除廩生不計外，如係增生附生，可叙補廩生。　（廩生府廳州縣額設四十三十二十名，應依次出貢，所遺廩生底缺，方以增附生之取列前茅者頂補。　向例，府學廩生，年升一生爲歲貢生；直隸廳州之廩生，三年升二生爲歲貢生；縣屬廩生，二年升一生爲歲貢生。　故每歲考一次，照例只可補一廩生。　惟除歲貢之外，如廩生鄉試中式舉人，或考取優貢生拔貢生，再或遇覃恩，如帝后聖誕，或大婚，或生阿哥，皆升一廩生爲恩貢生。　此數項廩生出缺，亦可叙補。　又或廩生丁憂病故，亦出缺補人。　捐例開後，廩生捐貢，出缺，亦可補。）　如叙補廩生者，原係增生，其所遺之增缺，即由考取在前之附生遞補。　（各府廳州縣別設增生一級，亦如廩生之數）。　凡補入廩生者，國家歲發廩餼銀四兩，故廩生亦曰廩饍生。　此銀，由教官在本州縣署，請領發給。　歲試場畢，即發經古場取列之案。　又翌日，試各州縣學童生。　試以四書文二，五言六韻詩一。　（此爲童試之正場，其文字佳者，可如各府廳州縣入學定額，取足名數）。　次日出案。　（府無轄境，其額設之附生，以州縣之童生取列充數。　出案時即註某爲府學生員，卷面蓋撥府戳記。　此後該生雖屬縣籍，而永爲府屬生員。）　又翌日，覆試經古。　凡應經古試而被取者，於此日覆試一次，仍試以賦一詩一。　（此項正試覆試，詩皆五言八韻。）　此非功令所規定，此場即不出案。　又翌日，覆試生員。　凡生員正場，取列一等者，始應覆試。試以四書文一，五言八韻詩一。次日出案，名次先後，或有升降，或仍以正場之取列先後爲先後。敘補廪生，必以此場案列之先後爲序。又次日，出二等三等之案。（如取列一等者，皆係廪生，則取列二等前茅之增附生，亦可敘補廪生。如取列一等之增附生人數不多，而出缺之廪額浮於此數，則取列二等前茅之增附生，亦可敘補。至於增生缺額，取列二等前茅之附生，更可敘補增生。總之，補廪補增，皆視缺數之多少，以取列在前之人充補。）又翌日，覆試新進文童，試以文一詩一。凡正場已被錄取者，除有特別情事外，無所更易。（間有多取數名，以備覆試時之淘汰者，此係例外，不經見也。）即文字稍有出入，亦不過名次先後，略有升降，其已入學則一也。（如文字佳而限於學額，不能取進者，亦可取爲佾生。）但事不多見，且取爲佾生，下次應試時，可免府縣之預試，直接得應院試，點名入場時，列於冊首，餘則以長案取列之先後爲序。惟府州試長案取列第一者爲案首，可必其入學。其長案取列前十名者，例坐堂號，督學使者當場監試其爲文。餘則統入大號，由院署承差等監視，蓋防其倩人槍替也。（倩人代作詩文，謂之槍替。）凡生員童生入場，例由承差搜檢，恐其携帶書籍成文也。如有欠歲考之生員，可於又翌日補試之。如無欠歲考者，則試武童。（向例：歲試之年，督學使者兼試武生及教官。）其武童之應試者，府試州試縣試，悉如文童。院試時，（定制：學政試武生外場，由督撫提鎮於同城副將參將游擊之籍隸外省者調令會同學政考試。）第一日，試騎射，（在郊外演武廳馬道中馳馬發箭三矢）此爲外場。中鵠者，續試內場；不中者淘汰。內場試步射，（在考棚內發步箭五矢）全中鵠者或有二三矢中鵠者，續試後場。僅中一矢，或一矢不中者淘汰。後場先試硬弓，（硬弓以十斤爲一力，百斤爲十力。弓分數等，最硬者十二力，最弱者八力。（能引滿十力以上者，得再試刀石。（刀分三等，頭等重百二十斤，二等重百斤，三等重八十斤。）應試者，以能舉刀且舞花者爲及格。（石亦分三等。頭等重三百斤，二等重二百四十斤，三等重二百斤。）應試者能以石加膝，或加於胸腹間，而游刃有餘，不嫌竭蹶者，爲及格。三場試畢，復試內場，默寫武經百餘字。督學使者，亦按各府廳州縣定額，取足名數被取者卽爲武生。（或曰武庠生。）亦發交儒學署隸入學籍。其已入學爲武生者，亦須歲試一次，僅試步射三矢，或一矢，便畢事矣。其考試教官，題目如生員例，一體封門，試畢分別等第，移明督撫，以備大計考覈。文武生及教官試畢，又翌日，發給花紅，謂之發落。凡生員取列一等，及文武童之錄取入學者，皆赴督學院，使者升坐堂皇，予以訓勉。其文字最佳者得獎，（或獎以物品，或獎以言詞，亦間有將所試之文藝選刻試牘者。）

普通悉予金花彩綢，以鼓吹送之出院。此爲舉行歲試之情事也。

科試

督學使者之科試，爲次年大比，先以此試，考覈優劣，錄取若干人，以備次年之赴鄉試也。其詣文廟拈香命教官宣讀臥碑，及聖諭廣訓，抽籤命廩生講書，及考畢後之領花紅，皆如歲試儀。第一日，試經古。第二日，試廩增附生。第三日，試文童。第四日覆試經古。第五日覆試取列一等之廩增附生。第六日，覆試取進之童生。第七日，試出學之五貢。（恩貢生，拔貢生，優貢生，副貢生，歲貢生，此爲五貢。晚淸捐納例開，廩生未滿例貢之年者，准其捐貢，謂之廩貢生。增生附生亦得捐貢，謂之增貢生，附貢生。以上八項貢生，皆出學，不應歲試，不隸屬於儒學。但欲應鄉試者，須於科試之年，受督學使者之考試，錄取者次年方准其應鄉試。凡廩增附生之取列一二等及三等前三名者，亦准應次年之鄉試。）其經古正覆兩試，與歲試同。惟試廩增附生之正場，試四書文一，策一，五言八韻詩一，與歲試稍異。覆試仍與歲試同。童生之正覆兩試，全與歲試同。提調之送棚規及供張酒席器用，亦與歲試同。（歲科兩試提調所送督學使者之棚規及供張之費用，胥由被試之各州縣官按缺分大小攤派。）各府廳州縣之廩生，如文藝超羣品行純正者，學師應於是年舉報優行於督學署。（各府廳州縣或舉一二人，或不舉。） 報名後，督學使者於生童試畢後，卽試此項優行生。 第一場，試以四書文二。 第二場，試以經解一，策一，五言八韻詩一。 兩場畢後，出案，分正取備取兩等。 正取者，次年再應院試。 （院試情形詳於下章錄科中。）

又十二年考試拔貢一次，（定制屬於酉年）亦於科試年分，由督學使者，於科試畢後舉行。（向制： 府學取中拔貢生兩名，州縣學取中拔貢生一名，亦試兩場，每逢考試拔貢年份，與考試優行生之兩場，間日舉行。） 應此試者，由各府廳州縣之廩生，自行報名投考，（增附生亦得與考，但考者甚少，以其資望不如廩生也。） 不由學師荐舉。 率皆歷次歲科試，取列前茅，資望已深，自審造詣有可得之希望，方應此試。 故一府一廳一州一縣，至多不過三數人應試。 試時，先赴學署報名，學署必索贄敬若干。 且由應試者自備試卷。 （此卷與歲科試之卷不同，係裱過者，厚而且佳，考優之卷亦然，故多自備。） 由學署造具履歷公文，報呈提調署，由提調加文，申送督學院，由督學使者示期考試。 共試兩場： 第一場，試以四書文二，經解一。 第二場，試以論一，策一，五言八韻詩一。 寫作並重。 越日出榜。 取中者，卽爲拔貢生。 次年錄科時，亦如考優貢生之三院會考，試以四書文一，經文一，策一。 （同一三院會考，但考優貢生，於科試時，雖經正取，以全省各府廳州縣學正取者浮於定額數倍，或數十倍，故必至會考時，方按各省定額，取中幾名。備取亦如其數。其列入備取者，如本科鄉試新中優貢中式舉人，則備取者可以抵補。此指會考時之備取生言，非科試時學使所取之備取生也。如本科優貢無中式舉人者，則僅於備取而已。拔貢生之考試，即於科試時按額取定，次年會考，無所更易。即本科鄉試新中拔貢中式舉人，則以舉人應會試，本籍拔貢，即不再應朝考矣。）三院會銜出榜。次年，入京再應朝考。此爲舉行科試之情事也。

錄科

督學使者之職責，惟在歲科兩試。其初到任，尙未出棚時，例有觀風之舉。觀風者，以各種文藝試覘本省之文風也。督學使者擬定各種命題，札發各府廳州縣儒學，命在學之士子應試。試題：則四書文，試帖詩，律賦，經解，策論，說議，五言七言古，近體詩等。有全作者，有選作數藝者，不作者聽，此亦非功令也。歲科兩試畢後，於大比之年七月，蒞臨省城，考試錄遺。凡各府廳州縣之生員，及各貢生，於科試之年，未經錄取者，或未應科試者，得於大比之先，補錄名次。必分數場，由督學使者先期牌示某日試某幾屬生員。（未入學之布衣捐國子監監生，亦得預試。）各屬分期試畢，後試續到之人，再試大收一場，意在廣羅遺才，惟恐阻人上進之階也。錄遺事畢，即與總督巡撫，合試優行生，謂之三院會試。應試之人，即科試時所正取之優行生也。（向例：三年各行省考取優貢生一次，大省八名，中省六名，小省四名。正額如此，備取亦如其數。）三院合試一場，試以四書文一，經文一，策一。越一二日出榜。（凡張貼進士舉人拔貢優貢取中人名單，謂之出榜。凡張貼生員童生取列人名單，謂之出案。）如定額正取者，謂之優貢生，出學籍。次年，得入京應朝考。（朝考章制另記）如額備取者，不出學籍，謂之優行廩生。其爲增附生取得者，謂之優行增生，或優行附生。初制如此，嗣後凡經儒學舉報優行，未應三院會試，且有未經督學使者之初試，亦統稱曰優行生矣。

鄉試

定制：三年一大比，凡子午卯酉年八月，舉行鄉試正科。如遇國家大慶典，或登極，或大婚，或生阿哥之類，亦特開恩科一次。各省取中舉人名額，向有定數。大省百數十名，次省百餘名，再次七八十名，小省四五十名。大致按各省文風之優劣，人口之多寡，丁賦之輕重而定。或以捐助餉項而增額。（亦有因特別事故而增加者）例定大比年分，如額取中。恩科或加中三十名二十名十名不等。試官二員，謂之正副主考官。京堂官，（如各部侍郎九卿等）及翰詹科道，與各部司官等，皆得充任。（但翰詹科道及各部司官，須經考試，方能充任）以巡撫爲監臨官，以藩司爲提調官，以道員爲監試收掌等官。由總督巡撫，就本省在任州縣官及候補州縣官，係舉人進士出身者，調充簾官。（亦曰同考官）試以文藝，其年壯學優者，派充內簾。入闈分房閱卷，選應試之文藝佳者，荐呈主考官閱定棄取，取者卽中式爲舉人。如文字較次者，派充外簾，入闈司受卷對讀，謄錄，彌封等事。（向例：應鄉試生員每場文藝作成後，送呈受卷官（卽外簾），由受卷官先閱一過。如通卷無一字眞草不全，不符，不成字，謄眞用行草，混作詩歌信函，越幅空行，空格，反謄卷背卷面，挖補，裁割，脫落題目，改寫跳行，添入夾縫，及顚倒，或錯寫，或脫字，未經添註，草稿內未寫全題，文不頂格，詩策不低二格，文逾七百字，詩多韻少韻，失押官韻，策不滿三百字，或全寫五道策題，詩文策內用卦畫篆字及全卷不點句鈎股，一格內雙行沓寫，疊字用兩點，不避廟諱御名聖諱，擡頭錯誤，添註塗改過百字，脫落添註塗改字樣及數目不符，以多報少，以少報多，至十字外，並數目字不寫壹貳叁肆等字，油汚墨汚，至莫辨字蹟，二三場默寫不照依主考酌定處所，卷頁破損不全等，皆犯貼例。經受卷官至對讀官查出，俱將本卷截角，揭明緣由登諸藍榜，貼於貢院外牆。第一場登藍榜者，不准入第二場。第二場登藍榜者，不准入第三場，每科登藍榜者甚少，其大多數之卷，卽發交彌封所。該所官亦外簾。試之姓名履歷，加以彌封，另於卷末編一字號，以備拆彌封時之比對。該所將原卷封面上載有應彌封畢後，卽送交謄錄所。該所官亦外簾。該所向由各州縣調書吏數人充謄錄生，或臨時招考能書者充之。

每一謄錄生，每日派謄三卷。應試生員用墨筆書寫，故謂之墨卷。謄錄生用硃筆書寫，故謂之硃卷。試卷由謄錄生錄完後，此項硃墨卷卽發交對讀所。該所官亦外簾。由對讀生以硃卷與墨卷校對，對讀生向例以五等生員及錄遺未取之四等生員充之。如係老病不能供役者，准罰銀以贖。四等四兩，五等八兩。人數不敷，提調官於考選謄錄時，取文藝略通者充補。如有脫漏錯誤者，由對讀生改正。鄉會試場，除應試生用墨筆外，惟主考官用墨筆，同考官則用藍筆，內監試官用紫筆，內收掌官及書吏用藍筆，知貢舉監臨，提調及受卷，彌封謄錄，對讀，外收掌各官，均用紫筆，謄錄書手用硃筆，對讀生用赭黃筆，對讀官於硃卷內有用改正處，亦用赭黃筆。此種糊名易書，且分別用四色筆者，皆爲防弊設也。迨主考官閱定取中之卷，於放榜之前一日，主考官，同考官，監臨，知貢舉，提調，監試等官，同集於聚奎堂。外省於至公堂。覈對硃墨卷紅號相符，乃拆彌封。副主考官於硃卷上書姓名，正主考官於墨卷上書名數。書吏依次唱姓名，及某省某府州縣某生，然後書榜。副榜亦如之。書畢，鈐蓋印信。鄉試：順天用府尹印，各省用督撫關防，會試用禮部印。）各省內簾外簾之同考官亦有定額。試分三場，每場三日。例定八月初九日爲第一場，試以論語文一，中庸文一，孟子文一，五言八韻詩一。十二日爲第二場，試以易書詩春秋禮記五經文各一藝。十五日爲第三場，試以策問五道。皆先一日入場，後一日出場。（清初，第一場試四書三題，五經各四題，士子各占一經。第二場，試論一篇，判五條，詔誥表內科一道。第三場，試策五道。康熙二年，廢制藝，以三場策五道，移第一場。二場增論一篇，表判如故。四年，禮部侍郎黃機言：制科向係三場，先用經書，使闡發聖賢之微旨，以觀其心術，次用策論，使通達古今之事變，以覘其才猷。今止用策論，似太簡易。且不用經書爲文，人將置聖賢之學於不講，請復三場舊制，從之。第一場復試八股文，仍三場制。其時詔誥題士子例不作，文論判表策大都雷同剿襲，名爲三場，實則首場爲重，而二三場爲輕。首場又四書藝爲重，而經藝爲輕。二十六年，廢詔誥。論題舊出孝經。二十九年，兼用性理，太極圖說，通書，西銘，正蒙。五十七年，論題廢孝經。雍正初元復之。乾隆二十二年，移經文於二場，罷論表判，增五言八韻詩。未幾，第一場復增性理論。嗣廷臣屢言，論題易藏關節，請罷不用。迨五十三年，始令每科分試一經，然後五經各出一題，廢論題，永著爲令。康熙五十四年，以主司擬題，每取四書五經吉祥冠冕語，致多宿構倖獲，詔此後不拘忌諱。　初場文原定篇以五百五十字爲限，康熙二十一年，增百字，乾隆五十三年，復增五十。　自來制藝體裁，以明理會心，不媿先程爲合式。　乾隆元年，詔學士方苞精選明清諸大家時藝數百篇，頒爲程式。然行之既久，攻制藝者或專尚詞華，或但事剽竊，編修楊述曾至請廢制藝，以救其弊。　嘉慶以來，士子希冀詭遇，往往撏撦僻書字句爲文，競炫新奇，不顧題義，一時轉相模倣，成爲風氣。御史辛從益以爲言，詔以近日士子獵取詭異之詞，以艱深文其淺陋，大乖文體，飭考官務將別裁僞體支離怪誕之文，不得妄行錄取，乃剿襲庸濫，至末流而益甚。　光緒二十八年，以八比無與實學，鄉會試初場改試史論五篇，二場試各國政治藝學策五道，三場試四書義二篇，五經義一篇。　試官考差，進士朝考，悉屏八比詩賦不用，行之至廢科舉止。　二場錄眞後，默寫頭場文首藝或次藝三藝小講，或起比，或中後半篇，或詩一首，於二場題紙開明。　三場錄眞後，默寫二場文與二場同。　第三場策問題不照抄，於每篇策前書第一問，第二問，第三問，第四問，第五問以爲策題。詩與策俱低二格寫，皆自行點句勾股。　應試之各屬士子，（即科試所取之貢生生員及錄遺所取之貢生生員監生等。）　須携帶筆墨臥具食料入場，以在場須兩宿也。　（功令仍須搜檢，不准携帶書籍，後爲具文，士子無不夾帶。）　號舍皆

係矮屋，人各一小間，如蜂房然。臥具餐具，皆儲其中。（每一號舍之內，有板數塊，庋於上層則爲寫字枱，庋於下層，則爲臥榻。且須躬自炊爨。供給所原有蒸飯，供應試者之食，多不能下咽，故須自備食料。每一號舍設號軍數名，充取水引火之役，約以一號軍侍二十考生之役）日則烈日薰蒸，加以炊飯之爐火灼炙，比外間尤熱。夜則號舍外，永巷一條，風雨難蔽，比外間尤冷。所以昔人有『三場辛苦磨成鬼，兩字功名誤煞人』之句，誠紀實也。每科除按定額取中舉人外，復取中副榜舉人若干。（大都正榜五名，中副榜一名，額視正榜增減爲差，惟恩詔廣額不與焉。）謂之副貢生，出學籍，不應歲科試，次科仍得應鄉試。

本科中式舉人出榜揭曉後，（各省出榜有定期）應謁見房師，（卽荐卷之內簾官）座師。（卽取中之主考官）旋卽開鹿鳴燕，（定制：各省鄉試入闈日，設上馬燕，燕主考官，同考官，監臨，提調，監試，執事各官。惟順天不設。揭曉次日，設鹿鳴燕，燕考官以下及中式舉人。樂用鹿鳴詩三章，給考官監臨等官金銀花杯盤綢緞等物。中式舉人應領牌坊銀二十兩，並給頂戴衣帽等物，由布政司備辦。）新貴人（卽中式之舉人）例須與燕，係榮典也。（路遠不到者聽）後須赴督學使署請咨文，以備次年春闈入京應禮部試也。是年，亦開武鄉試科，凡各府廳州縣學武生，亦三年大比一次。於是年十月舉行。初七初八等日，考馬射。初九初十十一等日，考步射技勇。十二日，挑選雙單好字號。十四日，考內場，默寫武經。各省武生應鄉試者，該州縣官給文，由布政司造册彙送監臨主考。（向例：綠營兵丁，亦得應武鄉試。康熙間，曾令文生員應武鄉試，以收文武兼備之材，不久卽罷。）主考官，順天簡翰林官二人，京員四人爲之。各直省，以總督或巡撫，爲監臨主考官，（定制：各省武鄉試，以巡撫爲監臨主考官，總督同城駐紮者，亦親往監射。至三場，仍以巡撫主考。其無巡撫省分，卽以總督爲主考官。）科甲出身之同知知縣四人，爲同考官。外場佐以提鎭大員，爲監射官。其餘，知武舉，提調，監射，監試，監門，受卷，彌封，巡綽，搜檢，供給，俱有定員，大率視文闈而減殺之。初制：第一場，試馬上箭，射氈毬。第二場，試步下箭，射布侯，均發九矢。馬射，中二矢爲合式。步射，中三矢爲合式。再開弓，舞刀，掇石，以驗技勇。康熙二十三年，更定馬射樹的，距二十五步，中三矢爲合式。不合式，不得試二場。二場步射樹的，距八十步，中二矢者爲合式。再試以八力十力十二力之弓，八十斤百斤百二十斤之刀，二百斤二百五十斤三百斤之石。弓開滿，刀舞花，掇石去地一尺，三項能一二者爲合式。不合式，不得試三場。初二場合式者，初印記於頰，嗣改印小臂，以杜頂替。三十三年，以步射距離太遠，善射者不能多中，改樹的距五十步。乾隆間，復改樹的距三十步，射六矢中二者爲合式。並於馬射增地毬。而弓刀石三項技勇，僅係三號者不准合式，必有一二項係頭，二號者。遂爲永制。內場論，向以武經七書命題，嗣以其文義駁雜，詔增論語孟子。於是首題用四子書，次題用孫子吳子司馬法。雍正二年，令武鄉試於外場，擇馬步射技勇人材可觀者，編好字號。內場復令試官，擇其文理通曉者取中。其非好字號，而文理優者，亦得取中。嗣於好字號，復分雙好單好，內場先中雙好，次中單好者。於是內場槍冒頂替之弊作。乾隆二十四年，議革此弊。乃令外場嚴合式之格，內場罷四書論，文理但取粗通者。洎嘉慶十二年，罷策論及同考官，內場但默寫武經百餘字，無錯誤者爲合式。始專重騎射技勇，內場爲虛設矣。各省中額，多少不等，約減文闈之半。（附浙江某君鄉闈七言長排三十六韻，所述鄉試情形甚詳，錄以備考。『闈屋磨人不自由，英雄便向彀中求。一名科舉三分幸，九日場期萬種愁。負凳提籃渾似丐，過堂唱號直如囚。蘇穿帽破全身舊，襟解懷開徧體搜。未遇難題先忐忑，頻呼掌管敢遲留？監軍問姓親標寫，同號通名暫應酬。天只一條疑是線，地無三尺尚餘溝。文光未向階前吐，臭氣先從號底收。高掛門帘墻對面，平懸卷袋壁橫頭。塵封急欲尋笤箒，瓦漏還須蓋網油。敲緊竹釘排雁翅，濃薰艾把避蜒蚰。粉墻靠背衣裳白，脚板懸空露水稠。夢擾不甯聽鼻息，夜深假寐數更籌。若逢久雨泥相拚，偶遇狂風燭易流。　時焌邢堪添黝悶，陰寒何處覓衾裯。　傳題靜候雞三唱，待旦還看月一鈎。　瓦罐互爭聲擾擾，湯烟初沸響颼颼，煤鍋煑粥烏雲集，鹹水煎湯綠暈浮；毛竹削成雙筷子，飯團結住燥咽喉；分來鯗肉全無味，做到文章便有憂。　首藝經營思過半，後場辛苦慮常周；吟哦錯認蚊雷起，意緒紛如蠶繭抽；詩就八聯誇警句，策成五道詡嘉謀。　人逢識面頻商酌，字帶疑心細校讎。　高照樓邊防見貼，至公堂上莫輕投。　挨牌漸拔葳蕤鎖，繳卷齊穿明遠樓。　溫處秀才强且悍，嘉湖朋友軟而柔。　官生僕從兇如虎，教職衣冠老似牛。　東首接來皆坐轎，西邊歸去慣乘舟。　經文施捨堆常滿，筆墨攜來送不休。　面目頓憐消瘦也，胸襟從此展舒不？　至親望考惟恭喜，相好衡文總贊優。　約伴登山逢九日，呼朋入肆補中秋。　染衣欣羨登科李，射策徒慚下第劉。　早莫矜張遲莫怨，得何歡喜失何愁？　詩書自古原無負，有志終酬步十洲。』）

（未完）

領事的治外法權

楊振先

（一）

凡讀過國際公法的人，祇曉得治外法權只有一國的元首，外交官，軍艦，公船，軍隊，及其他在國際政治機關服務的人，如國際聯盟的盟員常設國際法庭的法官，及海牙國際仲裁法庭的法官等能享受外；領事是不能享受的。今本篇的命題，却曰領事的治外法權，豈非與國際公法的原則相反麽？實則不然，領事在國際法裏非完全不能享有治外法權的人，不過其所能享受者與外交官不同而已。

何謂治外法權？在未述及領事的治外法權以前，似應有明確的了解。所謂治外法權者，簡言之就是一國的元首，外交官，軍艦，公船，軍隊等在他國領土停駐之時，得豁免駐在國領土法權的管轄之謂。這項特權，英文稱爲 Exterritoriality，有時亦稱爲 Extraterritoriality。這兩個名詞有人區別爲前者是治外法權，後者是領事裁判權；其實錯了。這兩個字的意義是沒有分別的。考 Extra-territoriality 一字，在一七四九年已爲國際公法家 Wolff 和 F. De Martens 用過，到了十八世紀末纔變成 Exterritoriality。厥後互相轉用，以至近世，皆是指治外法權而言，其中並無領事裁判權的意義。但近人多稱 Extraterritoriality 爲領事裁判權，實看錯了領事裁判權行使的結果有點類似治外法權的緣故，因此遂並爲一談。蓋一國的元首外交官等在國際法上得豁免駐在國領土法權的管轄，今領事在領事裁判權原則之下，亦可不受駐在國領土法權的管轄，其行使此權的效果如此相似，自然難免他人混爲一談。其實兩者絕非一物，早爲稍知國際公法學的人所洞悉，固無須在此喋喋也。

近代國際公法家對于領事能否享有治外法權一問題，已引起許多相反的意見。甲派說：領事的地位與外交官的地位相差有限，不過前者較後者略遜耳；況且領事和外交官在國際法上同是客體，同爲國家派遣的官吏，當其赴任時，駐在國均予以同樣的承認，如派遣國所派之外交官和領事，駐在國認爲不滿意時，可予以同樣的拒絕。由此看來，領事所代表的資格與外交官無甚差別，是領事在國際法上實具有外交代表的性質，已具有外交代表的性質，則外交官能享有之特權，領事何嘗不能享受呢？依此派主張，領事之享有治外法權，實爲理論所當然，而其持論亦頗中肯，但一念及乙派之主張，則覺甲派之說，似未盡然。乙派說：領事在法律上所處之地位完全與外交官不同。外交官是代表一國辦理外交的人，他本身直接代表本國元首，間接代表本國國民全體，所以他是一種政府特任的官吏，其任務的重大及地位的尊嚴，皆非領事官所可同日而語。反之，領事官僅僅是普通的商務官，其任務的目的，除保護本國僑民工商業的利益外，絕無辦理國際交涉事件的權能，如此看來，領事官不是政府的外交官吏，不啻昭然若揭。領事官既不是政府的外交官吏，則外交官在國際公法上享有之各項特權，領事當然不能享受。再進一步說，外交官所以能享有各項特權，雖說是互相尊重國家的主權起見，實際上實爲便利外交官職務的行使，不得不迫駐在國給予此項特權，如是而已。不然外交官行使職務時，必有許多障礙和困難。反觀領事的職務，則大相懸殊，無論在事實上或理論上，都無給予特權的必要。職是之故，領事在國際法上不能享有治外法權，不啻彰彰明甚。此派的理論，固可補甲派見解之不足，然謂爲至理明言，則尙未能，因此第三派折衷之說乘之而起；此派的主張對于乙派所言甚表贊同，惟因領事官的地位與外交官不同，卽視爲前者不能享有後者的各項特權，則頗持異議。此派以爲領事官在國際法上，姑無論其所處之地位如何，但他總是國家派遣的官吏，既是國家派遣的官吏，則其在國際上的待遇，自然較待遇一般普通僑民爲高，而其所處之地位，亦較普通一般僑民爲優。職是之故，領事在國際法上應該享有相當的敬禮，或者卽謂爲治外法權，實爲無可非議之事。著名的國際公法家瓦特兒 Vattel 說：『領事雖不是外交官但他確是承受元首使命的人物，所以在相當範圍內他是應該享受國際法的保獲。』(註一) 這種見解近世多數的公法家都是一致贊成的，而亦吾人認爲比較合理的主張。茲就研究所得，將領事享有的各項特權——卽治外法權，逐一討論。

(二)

一、尊敬權　領事雖不能享有外交官的不可侵犯權，但其本身實享有被尊敬之權，故駐在國政府應時時加以特別的保護，駐在國的官吏和人民，不能隨意侮辱他，或損害他的身體；否則就是不尊敬他。國際上因爲駐在國政府或人民發生侮辱領事之事，因而引起兩國交惡的，史不絕書。一八九五年尼國 Nicaragua 政府將英國代理領事羆持 Hatch 拘捕，英政府卽要求賠償，並特別申斥其拘捕之不當。一八九六年西班牙駐美公使，因在 Florida 傑遜威爾城 Jacksonville 的古巴人民發生襲擊該地西班牙領事的事，特別通知美國政府加以保護，美政府卽訓令該州州長對該領事加意保護。一八九六年暹羅某兵士當其代理警察時，因逮捕駐鄭梅 Chiengmai 的美領事館書記，毆傷副領事哥拉 Kellett，美政府認爲莫大羞辱，提出數項要求，威迫暹政府履行：(一)該兵士官長扣薪一年並降職，(二)重罰該兵士次級官長，(三)暹政府須向美國道歉，並須將此事始末宣佈。暹政府對此項要求未曾拒絕，幷願履行，事遂寢。一八九三年比魯麻零島地Mollendo發生反共濟會會員Masonic的暴動，羣衆擁入共濟會堂Masonic Hall搗毀一切，時有若干警察在旁不敢加以干涉，致鄰近的美國領事館被遭損失，代理領事梅兒Meier亦被流彈擊傷。美國公使得此報告，卽向比政府提出要求賠償損失，懲治兇犯及表示道歉等條件，比政府認爲合理，一一答應。一八八七年有某甲在駐辛辛那帝Cincinati的德領館前，利用德國旗幟招搖撞騙，致防礙德領職務的行使，德政府乃警告美國加以注意，並提起履行一八七一年兩國訂立的協定。該協定說：凡領事館官員執行職務時，尤其是執行本國法律時，不受任何干涉。一九〇四年沙都多名高城Santo Domingo City發生內亂，住于該城隣近的德國領事館，頗覺危險，乃請求美國公使派令駐該口岸的美海軍代爲保護，美使乃如其請。(註二) 觀上諸例，領事所處的地位較諸一般外人自是超高一層，駐在國政府對于他的保護，亦須格外留心，不可稍事疏忽，此卽所謂尊敬權也。

近世許多國家，已將此項原則載諸法令者，當推南美諸國爲最先。一八八三年文尼梭爾那Venezuela卽將此項原則，訂在法令之中。該法令第五條說：『凡駐文國的領事，皆得享有尊敬之待遇，在公衆會議場所，得獨坐優席。』（註三） 漢亨兩國 Hondura and Salvador 的法令亦有同樣的規定。 第四〇和四二兩條說：『凡政府官吏須切實保護外國領事，並須採用妥善方法，使領事的職務，得于完全行使。』（註四） 一九二四年捷國 Czechoslovakia亦曾宣佈法令說：『凡在下動員令及戰事開始以後的一切私人交通用具，一律查收，惟外國領事的車輛則不在此限。』（註五） 墨西哥政府在一九二三年時亦曾宣佈外國領事准予請求特別保護之權。（註六） 其他如歐美諸國均有類似的規定，以其性質相同，故不引述。

二、領事館駐在國不得侵犯。 或曰：領事在國際法上已享有被尊敬之權，則領事館亦當享有此項特權，正如使館一樣，駐在國不能加以侵犯。 此種比喻，驟視之頗似合理，但若深加思索，則覺此說毫無法理的根據。 前已言之，領事官本身絕不能與外交官相比，則其館舍亦不能與外交官館舍相比，那麼，領事館之不能享有不可侵犯權，自可不言而喻。理論之言雖如此，但國際慣例每多與理論相反，故近世各國每爲優待外國領事館起見，常予以特別保護的權利。 特別保護云者，純然是一個國家對外所盡的道德義務，而非國際法所規定的國家責任。 明乎此，則知所謂領事館不可侵犯之者，實非根據國際法的原則，蓋國際法不承認領事館享有此項特權也。 但近世各國駐外的領館，每有不可侵犯的事實，則又何解？ 此無他，有條約規定耳。 考各國條約的規定，性質稍有差異，有的僅訂明領事館舍不受駐在國的侵犯；有的則訂明領事館及領事本人的住所不得侵犯；有的則直接承認當地官吏有權入內搜索。 茲引數例，以證明之。 一八五三年美法兩國訂立條約第三條說：領事館及住所不准侵犯，當地官吏不能借故入內搜查，凡館內文書，一概不許檢驗或攫取。 又第二條說領事得在館外及住屋備置本國軍隊，並懸挂本國國旗。(註七) 又如一八七一年美德兩國訂立的協定第五條說：職務領事如非本國人民時，其館舍及住屋無論何時不准侵犯，當地官吏除追捕逃犯外，不得藉詞闖入館內。(註八) 其他各國訂有此項條約的，有比美條約（一八八〇），意美條約（一八七八），羅（Roumania）美條約（一八八一），塞美條約（一八八一）。 由此看來，領事館之享有不可侵犯權，純粹是根據條約，但無條約根據的，駐在國亦不能任意侵犯，隨時隨地都須給予特別保護。萬一領事館受羣衆暴動的搗毀或暴徒的擾害，駐在國是須負相當責任的。 一八五〇年美國 New Orleans 和 Key West 兩個地方的民衆，因憤西班牙政府虐待古巴的美僑，起而攻擊該地的西班牙領事館，致被毀壞，美國國務卿韋氏突 Webster 乃向西班牙道歉，並負賠償責任。(註九) 一八八七年美國駐 Santos 的領事館，某日爲市民以石橫擊，將窗上玻璃擊碎，並傷及館中職員一人，美國乃請求巴西政府查辦，調查結果，始悉某日市民因憤領事館隣近某商店違反市律，在安息日開店營業，故用石擊之，因而誤擊領事館。巴西政府乃將鬧事者重罰，並將始末情形報告美領事。(註十) 一八九〇年駐聖沙威都 San, Solvador 的美國領事館，爲臨時政府的軍隊佔據，館內的財產以及領事個人的私產，皆被刧掠，館中國旗亦被撕毀，美國公使乃提出五項條件要求沙政府答覆：(一)臨時政府將美國國旗於日間升起，(二)國旗升起後，該軍隊應向之行禮，(三)即日恢復領事的館舍財產公文並得享有各項權利，(四)臨時政府的外交總長須向美國國務卿道歉，(五)領事及領事館一切損失，應照價賠償。 沙政府對此五項要求初僅答覆第一二兩條，後經美國多方挾迫，始履行一切條件。(註十一)

此外尙有一問題與領事館發生極密切關係的，就是領事館的庇護權。 領事館能否庇護犯人要視領事館能否享有不可侵犯權以爲斷。 前已言之，領事館除根據條約外，實不能享有不可侵犯權之權利，故領事館之不能庇護任何犯人，實爲事實所必然。 故當犯人，不論爲政治犯或普通犯，逃入館內時，領事應卽拒絕保護，如已准其停留，駐在國要求交出時，卽須交出，否則駐在國的警吏可入內拿捕，遇必要時，得撤囘該領事的認可狀。近世各國對于領館不能庇護犯人一則，已經載諸約法者，不知凡幾。例如：一九〇六年哀根庭政府宣佈領事不許在館內庇留犯人，一切須受駐在國民事和刑事裁判權的管轄。一八八七年波利未 Bolivia 政府亦宣佈領事館舍，不能享有治外法權，並不能庇護任何逃犯。智利政府在一九一五年亦有領館不論在何種情形之下，不能爲庇護犯人之用的宣佈。其他如墨西哥瑞典比魯美國等皆有同樣的宣佈，足證領事館不能爲庇護犯人之用已成爲世界文明國的普遍原則了。

三、領事館一切文書檔案信件記錄等不許侵犯。所謂文書，檔案，信件，記錄，實包含下列數項要件：（一）領事與己國政府來往之信件，（二）領事與己國外交官及其他領事官來往的信件，（三）領事與駐箚國官吏來往之信件，（四）領事與其他各國政府來往之信件，（五）領事與一般私人關於領事職務詢問來往之信件，（六）領事搜集得來的各項報告，（七）領館存下的各種書報記錄。這幾種信件，駐在國皆不能侵犯，否則領事行使職務時，必感受許多困難，因此當地警吏，政府官員，皆不能向領事館搜查或檢驗此項文件。蓋此項文件，乃遣領國政府之文件，而非領事個人的文件，故此項特權，只有政府能享受之，領事個人絕不能享受。如駐在國在特殊情形之下，欲檢驗領館的文件時，領事個人不能自由拒許，必須先請求本國政府，或上官許可，然後能行。如上官不許時，領事應卽拒絕檢驗。其次，領事切不可利用此項特權，以保護其個人來往的信件，必須妥爲分放，勿使混合，或將一切公文置于一室，而另闢一室專藏領事私人之函件。這項區別，非常重要。蓋國際法對于領事的私人函件，不賦與此項特權也。萬一領事不遵守此規則，駐在國得收囘其認可狀，或請求派領國召囘。從前駐尼史 Nice 地方的美國領事，曾經允許某私人的財產藏於領館之內，藉以避免政府的查封，後爲法政府知悉，立卽苛責該領事行爲之不當，並強令該領事退出該私人的財產。

四、**領事館得懸本國國旗，並得在館前設置本國警備。**此項特權本非國際法所賦與之權利，乃是國際上通用的習慣，有許多國家且用條約特別規定的。例如：一八七〇年美國與奧國訂立的條約就是這樣。(註十二) 領事館何以能懸挂本國國旗呢？他的理由亦可分幾種：(一)表明領事館地址之所在，蓋本國僑民不論新舊，當其有事須與本國領事接洽時，有了旗幟可免招尋之苦。例一九一五年智利領事條例規定云：武裝 Coat of arms 與國旗，皆是指明領事館而用者，不得作爲庇護之所（第39款）。又如瑞典領事條例規定云：爲便利訪者招尋起見，領館門前應安放武裝，使一見而知爲某國領館（第37款）。(註十三)　(二)籍以保護領館，如地方上發生叛變革命時，懸着本國國旗時，則軍隊不敢侵入。例如都名根共和國 Dominican Republic 領事條例第九款規定云：領事爲表明他的職務及保護領館起見，得懸國旗。又如墨西哥領事條例30款云：商務代表得在牆外懸一種特別表記表明官職和國籍，如城市被圍或在革命時間，亦得懸之。(註十四)(三)慶祝和弔唁本國或駐在國的吉凶，如本國或駐在國元首登位或死亡時，領事即須懸旗，此爲國際上最普通之習慣。例如一八八一年美國領事條例規定云：領事得于大節懸挂本國國旗，如國慶紀念元首登任等是也（第一三四款）。又如一九一五年智利領例規定云：領事於國家大節日懸挂本國國旗，如遇大喪，則懸半旗，均依駐在國事條習慣行之（第三十八款）。(註十五)

通例領事館的國旗及館內的武裝(Coat of arms)，駐在國應須尊敬，地方人民如有毀棄行爲時，派領國得要求道歉或賠償。例如一八九〇年美國領事館的旗幟，爲 San Salvador 臨時政府軍隊毀棄，美國政府要求賠償，並要求向美國國旗行鞠躬禮，沙政府立予允許。又如一九一三年駐 Nogales, Arizona 的墨西哥領事館，因慶祝美國獨立，高挂本國旗幟，有某甲將其取去，代以美國國旗，墨政府乃請求美國究查此事，並治犯者之罪。又如一八八八年 Bolivia 的德國領事館，其武裝爲羣衆撕毁，擲諸街中，警察將其送回，德領不收，並向法國要求賠償，法政府如其請，并另製新武裝一套以補所失。(註十六)

依一般國際習慣，領事館前得設置本國警備，以爲保護之用，現代各國載之入約法中者亦頗多。例如荷蘭在一九〇八年領事條例規定云：領事館得在門口設備本王國的警備。又如瑞士的領事條規第八六條云：如無條約反對者，領事得在館前設置警備。(註十七)

五、領事得免納稅之義務 領事本與外交官不同，不能豁免納稅之義務，惟依國際上一般的實習及條約的規定，領事在相當範圍內得免納某種稅。近世文明諸國，將此項原則訂諸法令者頗多，惟豁免之稅項，各國稍有差異耳。如哀根庭在一九一七年宣佈的法令中特別規定凡巴西智利波利未 Bolivia 諸國的領事，其電報無須付稅。法國在一八七五年亦有同樣的法令，該令云：凡領事免繳動產稅及窗戶稅，但不動產稅，關稅，及所得稅，則須付納。該令又云：此規定除英國外，其他諸國均適用此律。蓋法國領事在英國者均須納一切地方稅也。美國的規定與哀根庭略有不同，領事對電報，無線電，電話，海電，皆須納稅，惟動產稅得免繳納。荷蘭的規定比較的寬待些，凡所得稅，直接稅，及領事房屋稅，皆免繳納。比利時的規定除動產外，凡一切不動產稅及間接稅，均須繳納，如領事經營商業，所有財產皆須納稅。其餘諸國雖有規定，但都是大同小異。（註十八）

依上所述，領事得免納稅之義務，雖為各國條約及法規所訂定，然大致已有共同的趨勢。即直接稅，動產稅，所得稅，人口稅，均免繳納，其餘則各國稍有不同。至若海關稅，各國法律異常複雜，日本意大利巴西智利諸國，對于領事個人用品，均須繳海關稅，美國則極寬放，凡領事個人用品，皆不征收。其他諸國如哀根庭比魯則列舉免繳海關稅的用品為已足。（註十九）

六、**領事可以豁免民事法權的管轄麼？** 依國際法的原則，領事不能豁免民事法權的管轄。易言之，他須受當地法律的約束，如發生債務契約等糾紛，被害人得向法庭控告，領事被告後亦得提出答辯或反訴。惟因領事的地位與職務，皆與普通外人不同，國際公法學者因此劃分此項訴訟為二類：（一）領事的行為，純屬公的性質的訴訟，（二）領事的行為，純屬私人性質的訴訟。對于第一類的訴訟，多數公法家認為應不受地方法院的提審，蓋其行為純屬政府的行為，法院如提審之，無異提審外國政府，而外國政府在法律上，則不受任何團體或個人的控訴，除非預先得其許可。　對于第二類的訴訟，則一般均認爲應受地方法院的審判而無可懷疑者，故在 Viveash V. Becker 一案中，某領事負債被拘，請求保釋，英法院卒不與之，因其行爲與公務無關也。(註二十)

七、領事可以豁免刑事法權的管轄麽？　關於此點，亦可分二層說明，如領事所犯罪案輕減者，駐在國大抵不予追求，准其享受相當豁免刑事法權的待遇，如果案情重大，則此項寬典，立予取清。　故著名公法家 Vattel 說：『領事除非犯着違反國際公法的重罪，是應該超脫一切地方上的普通刑事法權的管轄』。(註廿一)　茲引數例以證明之。　一八六八年美國因比魯政府用不合法手續拘捕美國領事，提出鉅大要求。　又一八四四年英國領事被法政府指爲鼓動土人叛變之領袖，將其下獄，旋逐之出境。　又一八一五年俄國總領事，因强姦家中侍女，爲美國地方法院拘捕，並治重罪。　又一九二七年駐在中國南部數省的蘇俄領事，不但在館內庇留擾亂治安之人，甚且有直接參與亂謀傾覆中國國本，因此中國政府不得不用一種自衞手段以阻止此等禍亂發生。(註廿二)

八、領事可以豁免法庭的傳喚及作證人麽？　如無特別條約的規定，在國際法原則上，法庭可隨時傳喚領事到庭作證，與普通僑民無異。　惟有一點須注意者，法庭不能强求領事對于領館檔案的內容有所證引，並不得强迫領事對其公務行使時之一切政府報告有所證引，蓋這種檔案及政府報告乃是國家的文件，領事本身無權處置，或自行批露。其次，領事切不可將私人事件故意與政府事件混合，否則駐在國得借此撤回認可狀，不復承認其爲領事。又法庭傳喚領事方式，亦須講究，切不可用傳喚普通人民的方式傳喚他，必須用請求狀，否則領事可以拒絕出庭。蓋領事爲國家之官吏，享有尊敬之權也。一八九九年德國法庭傳喚美國總領事出庭作證傳票上註明：『依照刑法第五十節，證人無故拒絕出庭者，應繳不出庭費，並罰款三百馬克，如違則罰六星期以下的監禁』美總領事認爲此種恐嚇式的傳票，有侮辱其人格，不願出庭，後經美國外交部出而交涉，德政府申明該傳票爲誤送，幷請求原恕，美領事乃出庭。(註廿三)

九、**領事得免軍役之義務**。領事對于任何軍役，如海陸空軍或警吏，一概豁免。易言之，駐在國政府，不能强迫領事荷槍赴戰，或任防守地方之責，如果領事原藉駐在國，則不在此限。領事館駐在國軍隊不能侵入，並不准在領館左右屯駐，如軍隊軍糧不足，亦不能勒令領事津貼或代付。蓋這種行爲處處均足擾亂領館的安甯而妨礙領事職務之行使，故爲國際法所不許也。

(二)

前面所舉各項特權，卽構成領事的治外法權，凡屬領事，均能享受。他的法理根據可得而言者，不過是(一)國際平等與互惠條約，(二)國際優待寬典，(三)國際實習的結果，(四)國際社會的禮尙。但國際間現尙存有一種畸形之事，此實爲國際法裏的汚點。這個汚點是什麼呢？就是西方國家派駐少數東方國家(昔如日本，土耳其，波斯，暹羅，今如中國)的領事，除享有一般領事享有之特權外，更享有一種領土以外的司法權，或曰領事裁判權。凡屬僑民發生的各項民刑訴訟案件，皆由其審判，駐在國政府不能加以干涉。這種積極的領土以外的司法權，除外國軍隊的統帥，與外國軍艦的司令以外，就是外交官亦不過享有各項消極的治外法權而已，今領事地位，遠不如外交官，而反能享之，豈不是很滑稽的事麽？此中情况，實不難一語道破，該少數領事所以能如此尊榮者，實根據特殊條約耳。這種條約本來是不合理的不平等條約，因其條約的締結，是違背國公法原理的，在理本不應許其存在而當立卽取消的，不過因種種特殊關係，至今依然存在東方，因此這些少數領事得以依據而行使他的非法特權了。或曰縱使這些少數領事，無特別條約的根據來行使他的司法權，但在事實上他們確已享受了。領事對于本國僑民間發生利益衝突的事，不是有調解的責任麼？　領事對于商業方面以及商船上發生各項爭執的事，不是有出任公斷的責任麼？　就是本國公船所役用之水手，如發生糾紛之事，領事亦得予以相當的處分，如此看來，領事豈不是已經享有領土以外的司法權了麼？　何必一定要根據特別條約呢？　這種見解，實在大錯，他所云者乃是一般領事職務上應盡的義務，而不是法律上所賦予的司法職權，這點若分不清楚，那是枉讀國際公法了。

這些少數領事，因爲有特別條約的規定，所以享有審判本國僑民的特權，因爲如此，他的身分無形中超出一般普通領事以上，變爲一個享有外交官的治外法權的人了。　他不單享有外交官的治外法權，並且可以濫用他的不正當的權力，來侵害所在國的領土法權，例如駐在中國各地的總領事，常常參與本國的外交事宜，甚至可以命令警察，指揮軍隊，以管轄租界或其他勢力範圍內的一切居民，這實在是濫用領事裁判權的惡果，吾人應該認清楚而須努力剷除的。

（一）第二卷，第二章，第三四節。

（二）上列諸例，可看Moore, Digest of International Law 第五卷，第四一頁至四八頁。

(三)(四)(五)(六) Stewart, Consular Privileges and Immunities 第一七六頁至一七九頁。
(七) Moore, 前引第五卷第五三頁。
(八)仝上第八二頁。
(九)仝上第六卷第八一二頁。
(十)(十一)仝上第五卷第五〇頁至五七頁。
(十二)仝上第五七頁至五八頁。
(十三)(十四)(十五) Stewart 前引第六三頁至八〇頁。
(十六)仝上第六二頁。
(十七)仝上第七〇頁至七四頁。
(十八)仝上第一〇三頁至一一〇頁。
(十九)仝上第一一六頁至一二六頁。
(廿〇) Cobbett, Cases on International Law 第一卷第三〇九頁。
(廿一)第二卷第二章第三四節。

(廿二)以上諸例，除中國外，可看Fenwick, International Law,第三七六頁及Moore，前引，第五卷，第六五五頁至七二頁。

(廿三) Moore, 前引，第五卷，第八一頁。

統計學之今昔觀

唐慶增

（一）統計之性質與重要

經濟統計者，專記錄關於財富及工商業上之事實，依算法上之精確性，排列成組，以定出準確之計劃，作比較以獲得各項智識，用歸納法以求得各種實驗的定律；此定律當賴統計以定出之，祗能應用於某一特殊時間與地點。統計之種類甚夥，不止經濟統計一種。其所能解釋之事物，除國民工商業發展狀況，財富資本工資人口生育率死亡率，政府支出與收入等經濟現象外，若風土志社會各階級之年齡，宗敎與職業，國家面積氣候等，俱可以統計表明之。但自此學發達以來，應用於經濟方面者特廣，統計學家供給經濟學以重要及豐富之材料。經濟學在今日能有鞏固之基礎者，未始非使用統計之一種成績也。

意大利統計專家蓋勃洛（Gabaglio）謂：『統計在選擇並解析經濟事實，其代表此項事實之材料，則從而排列之，批評之，比較之；完善之統計，對於經濟學方面，能供給一種以經驗爲根據之材料，足以補抽象理證之所不及』云云，其言甚是。蓋研究經濟學理者，不但需要事實，並需要業已分析整理並解釋之事實，此則全賴統計學家之扶助矣。

統計不但爲一種方法，且亦係一種科學。以言方法，統計爲觀察之一種工具，例如醫生聲稱使用某種救濟方法能治某項病症，則不如舉出實證以示人，謂依照現在醫生之實驗，在一百病人中，用此法而治療獲痊愈者，達八十八之多（或他種之比率）較爲明瞭徵實。統計亦係科學，能用數目以表出社會事實間或政治事實間之關係，任何政治及社會事實，既不能與人羣脫離關係，則無論何種統計，與人羣不能不發生關係，自屬顯而易見；換言之，卽統計學專記載人民某一時期之情狀，代表某一時代之社會生活，休爾入 Schulzer 稱統計爲靜止之歷史，其意義殆指此也。

完善之統計，當含有準確性。所謂準確者，原有二種意義。一爲絕對的，一爲相近的。相近的準確，指一時或暫時而言。我人生活時時變遷，乃根據於暫時的現象，統計如有相近的準確，已足夠我人之使用，如云某國政府來年之預算收入有二四五〇〇〇〇〇〇元，已甚明瞭，固不必定須舉出幾分幾厘之數也，此爲社會科學之特點。若自然與純粹科學，創造定律時，始需要有絕對之準確，統計則否。故統計學中，常有估定臆測等工作，爲自然科學中所無者。

總之，吾人對於統計上作科學之研究，其利益不外二大端。其一，統計的研究，爲了解重要實情的唯一可能方法。 此項實情爲不少個人單獨事件集而合成。 如杭州市之面積，國際貿易上之往來，鄉村人口之數目，天然利源之利用，生活費之漲高，市場之勢力等等，此種現象，其範圍固極廣大，內容亦至複雜，決不能僅恃一單純之觀察，卽可將其眞相完全領悟。 惟有解析其數量之材料，始能有結果可言。 吾人對於此類集合現象，加以統計方法的研究，決不可少。

其二，統計尚有一絕大之價値，卽解釋各種各式之差異是也。 差異爲經驗最普遍現狀之一，萬物各各不同，且時時在變更狀態之中，經驗恆少重複者。 吾人潛心研究相同或不同之處，卽能產生若干新智識，準確之智識，由於解釋及測量各種差異而生，此項差異，用數目材料以表出後，可作爲統計研究之問題。 統計乃係解釋世界上差別事物之一種工具也。

(二)統計之歷史

統計智識，由來甚久。 粤稽古代，我國戶口編審之法，昭於三代，周官有歲會有月要有日成，使國家人口與財政遞嬗盛衰之跡，得以昭著於後世，雖不免貽紕謬訛誤之譏，然實爲我國統計之嚆矢。 至在西洋各國，統計最初係屬敘述政治情形之一種工具。 英文中

Statist, Statistics, Statistical 諸字，均自拉丁文中 Status 一字蛻化而來。此拉丁字；乃含有政府之意。所稱爲近世統計學鼻祖之愛春華氏（Achenwall），直認統計學之目的，在研究各國政府之習慣法律與格式。潑戴（Petty）則稱統計爲政治算術。十八世紀中歐美各國之研究統計者，如德國之齊末曼（Zimmermann），英國之新克萊（Sinclair），亦皆以爲統計之目的，在研究政治組織之特點。法人勃洛開（Block）則曰：『自世有政府制度後，乃有統計。』可見統計產生之所自，其最初之目的，原在研究政府之一切情狀也。

在昔之統計，專着重於二點：（一）國內有應戰能力之人口共有若干；（二）政府稅收之數目幾何。（第一點完全自戰事上着想，故亦係一政治問題）。此外他種統計，不甚注意。在英國亨利第八（Henry VIII）時代，即有調查死亡率之舉；然正式之戶口財產調查，則至一八〇一年方行開始。經濟學初成爲科學時，雖亞丹斯密斯（Adam Smith）對於統計亦並無熱烈之提倡；惟時代稍晚之馬爾塞斯（Malthus），頗見注重，並謂統計學在當時尚在幼稚時代，當力謀進步云云。馬氏以後，此學乃日見發達！

統計學在十九世紀中，有極顯著之進步，其原因不外乎下列二端。第一，由於社會組織之日趨複雜。 在上古時代，社會組織較今爲簡，人民生活爲自足的，彼此接觸之處不多，故統計之用途甚窄；及至今日，無論經濟政治教育上，均與統計不可須臾離，其發達也固宜。第二，由於學者之提倡。 彼邦經濟名家自魁得雷(Quetelet)以降，若恩格爾(Engel)，華樸(Wappaus)，克那潑(Knapp)，賴克塞斯(Lexis)諸氏，於此學之貢獻，皆卓然可觀。卽經濟學亦受彼等之扶助不淺。 然功績之最偉者，莫若英國大經濟家及逢斯(W. S. Jevons)。

及逢斯爲十九世紀下葉之大思想家，年幼時，卽立志作一統計學大家；其解析及思想能力，在在勝人一籌。 及氏以前之英國經濟學家，若潑戴(Petty)，馬爾塞斯(Malthus)，雖亦具有利用統計之能力，然所用材料較遜，準確性亦不及，較及逢斯之貢獻，若小巫見大巫矣。 及氏最重要之著作，有經濟理論(Theory of Pclitical Economy)與貨幣與金融之研究(An Investigation of Cur-rency and Finance)二種。 氏擅長於尋出各要素之異同，以辨別各種經濟變動。 生平研究最精之問題，厥爲價格。 研究每月之價格，逐年之變動，由恐慌而生之時期變動，自貨幣價值更動而生之長時期循環，皆詳爲辦明，以其能注重事實而闡發理論。 故二書俱爲不朽之作，學術界稱道，至今不衰！

繼及逢斯之後者有披亞遜(Pearson),俞爾(Yule),濮雷(Bowley)諸氏,於此學皆有相當之貢獻。在昔研究純粹經濟學及統計學者各趨極端,不相扶助,甚非好現象。現今經濟學者頗能鎔化經濟與統計於一爐,是亦一可紀之事也。例如美國密卻爾(Mitchell)所著之經濟循環(Business Cycles),蹈雪格(Taussig)所著之國際貿易(International Trade)。歐州經濟家若克塞爾(Cassel),觀其研究購買能力平均(Purchasing Power Parity)一問題,亦確能利用統計以發揮其理論。若馬休爾(Marshall)則深知統計之困難與限制,彼時時希望有準確可靠之統計材料以證明本人所發明之「消耗者剩餘」(Consumer's Surplus)諸理論為不虛云。

尚有一事,為研究統計歷史者所不可不知,英國學者有一極重要之組織,名皇家統計學會(Royal Statistical Society),促進此學進步不少。該會成立於一八三四年,迄於今日,所出雜誌,從無間斷。統計學得有今日之成績,等該會之功亦不小也!

至統計學內容之變遷,亦有可得而述者。最初為敘述政府之特殊智識,其後則專重數目的格式,最近則所謂統計者,乃專指自各方面搜得之數量資料而言。其解析之方法,無論用為天文上之觀察,人類學的測量,生物學之試驗,記錄上之解釋,教育材料之研究,社會機關所搜集之記錄的研究，以及經濟學中數量材料之搜集及分析等等，根本上均屬相同。

（二）近代統計學發達之原因

統計方法影響增加之速，頗可注意。其原因至多。第一因吾人對於人類事務較準確之測量，極見需要。數量記錄之方法，尤引起各人之興味。人類自制伏自然界以後，與社會關係，尤形密切。關於天然及社會力量之詳盡智識，極爲我人所願聞，例如對於氣候準確之記錄，疾病意外之原因及結果，在在需要有完全之智識。且今日公衆民意力量日增，教育之結果經濟安甯上之需要，工業與商業組織之範圍與其內部情形，皆不能不有一客觀的數量測量。處今日複雜生活之下，我人對於專門智識需求之殷，較諸昔日文化簡單時，相去奚啻百倍。

其二，統計研究之日臻重要，不過爲近代科學精神發展之自然輔助品。近人對於任何複雜情形中之原素，作一準確之測量，以了解各要素彼此之關係。自人類使用科學法，以研究自然宇宙獲得極佳之結果後，於是研究社會制度及人類情形者，亦均抱科學態度，以搜求眞理。純粹的演繹方法，不足以饜吾人之望。吾人對於社會與人類，既希望有更深一層之了解，則此項智識之範圍，亟宜擴充。由此方向以前進，乃與數量之材料相遇，亦惟有經過統計之解析，此材料方能有貢献可言。

其三，統計方法功用之所以日益顯著者，因他種科學方法，研究社會及人類狀況，不免有缺憾，未能處處適用也。例如實驗室中之試驗，不能用以研究社會上之複雜事物，欲求結論，須從實驗上之材料審愼解析而來；推論當從無數數量材料中獲得，則統計尙矣。吾人爲擴張智識起見，遂使統計解析之重要日甚一日焉。

（四）統計學前途之推測

統計學往昔發展之大概情形，已略如上述。至其未來之趨勢，亦有可得而預測者，此點當分作三層以研究之：

（一）研究經濟學理者，於統計智識，決不可少。故將來此學之發達，自在意中。近世經濟學家，殆無不諄諄以研究事實一舉之緊要，再三申述。理論而不以事實爲憑者，必無價値可言。統計學供給事實，卽所以完成此項使命，使經濟智識成爲客觀的，寫實的，與準確的科學。研究經濟學者，欲使經濟理論與事實相結合，非賴統計以爲媒介不可。往昔事實與理論之隔絕者，以統計之不發達耳。此後凡欲以經濟理論付諸實施者，非將統計學細加研究不可。逆料將來經濟學依賴於統計學之處，必較昔日爲更多也。

（二）統計方法上各種之限制，尚須賴學者之繼續努力革新改善，將來此學當更臻於完善之域。統計學在近年來進步雖速，但其方法上之各種限制，亦甚多。古與（Goschen）於一八八七年，曾在英國皇家統計學會（Royal Statistical Society）年會中致開幕詞，有警句云：『數目從無不眞實者，但不善利用，卽不眞實矣。』其故由於（一）此學歷史雖長，然以之爲精深的科學研究，則爲近來之事實。（二）研究上困難甚多，足爲斯學進步上之一重大障礙。蓋芬（Giffen）亦有類似之論詞，謂：『統計表雖可利用，但須加以限制。』蓋數目本身，原不能有所錯誤，所困難者，在使用耳。

統計上之錯誤及弊病，或由搜集材料上發生；或由排列及解釋時發生，均屬可能。搜集資料，大非易易。材料應根據於經驗，不能側重於個人主觀之觀察。觀察宜有系統，於某一情形不重要之微細原因，則取消之。總之：統計資料，當具有準確與充足二特性。

統計之解釋與排列，有時亦有造成錯誤之可能。統計時有被人誤解之危險，尤以應用於新問題時爲尤甚。解釋極難，然至重要。如云，中國一九二五年之入口貿易，以棉花居第一位，値一百四十九兆海關兩，此數是否嫌多抑嫌少，在數目本身，並無意義，須加以解釋，始能一目了然，其重要爲何如！

又統計的解析，祇能應用於各項能以數量格式所能表明之現象爲限；有若干社會經濟政治問題，不能用數量格式以表明之，有時吾人可研究此類問題之間接的證據，有時竟出於統計所能達到者以外，亦一絕大之缺憾也。統計既有如許限制，所幸者近二三十年來，統計專家於此學方法上之缺點，逐漸補救，成績斐然，將來此學之進步，詎可限量哉？

（三）將來中國建設事業，必須有賴於統計學之發展。今日我國百端待舉，建設事條，方興未艾。故將來所賴於統計者至深！現今經濟組織，日益趨於繁複，社會上既有共同的利益，經濟事物之動作，亦均爲公共的公衆利益。當以數目測量之，何種統計爲今日中國之需要，搜集統計方法如何，皆不能不予以相當之注意。惟現今吾國社會，猶多不知統計之重要。觀於人材之供不應求，概可想見。則提倡工作，亦爲今日刻不容緩之事矣。

約法中之地方制度問題

章淵若

約法功用，在行訓政之治；訓政中重心，又在地方自治。 總理遺敎，亦以建設地方自治，促進民權發達，爲施行約法之兩大原則。（參看總理學說第六章） 故今日騰喧全國之約法，倘求其精義所在，而爲確切簡明之解釋，亦唯促進民權發展，建設地方自治而已（詳見拙著約法眞詮） 捨此以外，即無訓政之意義，亦無約法之價値也！ 約法之精神在此，吾人目前最大之使命在此，而革命成敗之關鍵亦在此？ 今聞關於地方制度，省府組織，尚未確定；此與促進民權，推行自治，企圖統一，完成革命，最有關係。 中央於此斟酌損益，以求完善良有以也。

吾人欲求本問題得一美滿妥善之解決，自應先求不悖 總經之遺敎，憲政之原理，時代之趨勢，歷史的背景，以及吾國之特情。 今即本此數點，一一探討，以求今後確立地方制度，建設地方自治之基本原則。

總理手訂之建國大綱，寥寥數條，鉅細畢露。 實爲吾人制憲立法無上之參考。 而於地方自治規定尤爲詳密。 統觀自八條至十八條，幾無條不着眼於地方自治問題。 可見地方自治，地方制度在　總理建國之大業，實佔重大之地位。　復觀其所舉種種自治之工作及建設之事業：如訓練四權，調查戶口，測量土地，規定地價，修築道路，開辦學校，辦理警衞，育幼養老，濟貧救災，征收租稅，供給國用，開發農礦，經營實業，以及最後之選舉代表參與國政，莫不以縣爲發動實施之範圍。　故第十八條之規定曰：縣爲自治之單位，省立於中央與縣之間，以收聯絡之效。　是省之意義，幾如經濟社會中之貨幣，爲易中之媒介，其本身不能創造價値，可見今日地方制度之精髓，以及地方自治之權力，在縣而不應在省也。

近代公法學之造改，有一不可抗之原則，厥爲地方分治。（非卽分權。）　英儒愛希來氏有言曰：『近代國家之職務，由簡而繁，由易而艱。　以前專權政治之行政組織，已呈捉襟見肘之狀，非有地方分治之試行，實不足以應付艱難複雜之公務，此就已往之經驗，現代之情形以觀，所無可否認者也。（見氏所著 Central Governmetn and Local Government）。法儒狄驥更大倡其法令分化（Morcelment ac la loi）之說，現代學者亦不盡以法律爲中央唯一之命令。　地方於不抵觸中央法令之範圍內，因地方利益之要求，自亦得發地方法令。　蓋非此不足以發展民族之優性，非此不足以興辦地方事業也。（參看拙著近代公法學之改造見東方）

雖然，分治云云，並非與國家統一對抗也。　歷來談政治問題者，每於分治集權二說，無所適從；遂致惑於聯邦論之歧途，甚且迷於聯省自治之謬說。　吾則以爲集權分治，並非不可兩立之制，復有相互爲用之功。　蓋集權有集權之範圍，分治有分治之領域，二者初不相侵；集權有集權之必要，分治有分治之功用，二者復相以爲濟。　業而不分，則國家職務，不能專精，地方事業無從發展；分而不集，則民族生命無由寄托，國家組織，無所維繫。　此總理所以斟酌損益取長補短有均權之說：　而吾人亦不能誤解自治，不於制度權限組織上精密注意，致生分割盤據妨碍統一之大病也！

政治社會演進之趨勢，由小而大，由分而合；人類之結合，先圖騰，而部落而市府，乃至今日之民族國家，徵諸東西各國發展之歷史，無不如此。　故現代聯邦國家，亦漸有化除成見，消滅畛域日趨單一之傾向。　瑞士之所謂「康東」今已成爲通常地方自治區；美國聯邦政府之權，亦已日趨而凌駕於各邦之上矣。　革命後之德國，其中央政府立法行政權，亦已與戰前不可同日而語，故一八七一年憲法中所稱之邦今已稱爲lander而以前唯我獨尊之普魯士，亦已失其軍事上，立法上，財政上諸種特權。　此則以民族主義盛行全球，政治結合，自亦不能不以民族團體爲單位也。　（參看拙著：近時世界憲法之新趨勢）　故吾人如因自治之誤用，害民族之統一，動國家之根基，非特不容總理之主義，抑且有違世界之潮流也！

吾國自秦脫封建，設郡縣，行政系統，頭頭是道，遂脫原始幼稚的政治組織狀態。此實世界政治演進史上極有光榮之一頁也。吾人繼往開來，自應秉承遺教，確立單位，恢宏前制，以圖至治。惜乎自漢以後，法治失墮，人存政舉，人亡政息。國家治亂，繫乎人君；行政系統，漫無規轍。一旦政失中心，羣無主宰，藩鎮跋扈，羣雄割據。封建思想復萌，自治之基遂壞。故數千年來，虛遺縣政之表，未有縣治之實。此中國政治之所以不進也。總理深明積弊，故曰：『縣爲自治之單位，省立於中央與縣之間，以收聯絡之效。』吾人苟能遠師先秦之法制，上承總理之遺訓，則於地方制度之建設，自能得其根本之原則，不致徬徨於歧途矣。

民國以來，各省獨自爲政，號令不出都門。集權之效未著，變亂之禍時起；地方機關林立，人民怨聲載道。此實省權過高，自治廢弛爲厲階也。近世各國民治之發展與自治程度相乘除，而自治程度之高下，又與治區大小成比例。故自治區域愈小，自治之訓練愈易，而民治之進步亦愈速，此徵諸瑞士美法之歷史，所無疑也。我國之省，本爲封建遺骸，方之西洋，其範之大，幾等一國。衡以近代分治之原則，何可以大如一國之省，作爲自治之區？何況我國交通不便，民情隔閡！而 總理民權，尤貴直接，則省之自治，尤斷斷乎其不可也！故 總理明白規定省立於中央與縣之間，受中央之指揮，辦國家之行政；爲自治之監督，而非自治之單位！倘誤以省爲自治之本體，則省可挾其自治之護符，不受中央之指揮；又可假其監督之大權，橫阻自治之進行。則此時之省，非僅不能立於中央與縣之間，收聯絡之效；必且橫行全國，爲統一之障，爲人民之敵矣！徵諸二十年來變亂不已之信史，吾言殆非過慮也！

總之，自治之權，操之於縣，則眞，則平；自治之權，集之於省，則僞，則亂！此爲建設地方自治，確立地方制度之基本原則。而揆諸 總理遺訓，憲政原理，時代潮流，歷史背景，以及吾國特情，亦爲不易之鉄律也。

基於上述種種之理由，今特提出以下諸種之意見：

(一)確定縣爲自治之單位，增高各縣自治之權限：

(二)省政府立於中央與縣之間，爲居間聯絡之治權機關。

(三)省政府受中央之指揮，辦理該省之國家行政。

（四）省政府依法律之規定，監督全省之自治。

（五）關於限制人民自由增加人民負担，調動省內國軍以及預算決算等案，須經中央核准。

（六）劃分中央與地方之財源。

（七）省政府設主席一人，委員若干人。

（八）現任軍人，概不得兼省政府主席或委員（嚴格實行軍民分治之原則！ 倘此條能做到，省主席之職權稍大亦無不可： 卽用省長名義亦無關係，否則槍桿之前，無法無天；約法云云，徒托空言而已。）

二十年，四月，廿九日，上海。

戰後各新國的元首

張雲伏

百五十年來所謂元首問題，集中於君主立憲抑民主共和，君主專制制，向不入於立法問題討論之列。在此百五十餘年中，一八七一年法國第三共和成功前，憲法學上辯爭之問題，爲君主立憲所制勝。自一八七一年至一九一八年德意志雖成君主立憲之制，而法蘭西與美利堅之共和政治，日趨發達，君主立憲與民主共和，遂入互爭時代，亦可謂爲民主共和制戰勝的醞釀時期。大戰停後，協約國以德國不恢復君主制爲講和前提，而一般平和論者，亦深病君主之制，於是民主共和，風靡世界，成爲定說。元首問題，於此百五十年間的變遷，在憲法學上全以民主精神爲立場而掀起劇烈之爭辯，在吾人研究憲法問題者視之，實有深長的趣味。然今茲欲了解今日對元首地位的立法原理，不能不追述百五十來對元首問題的立法見地，否則，不足以窺測新立法原理之背景。

十九世紀之初，歐洲各國自由主義者，對於憲政，雖熱烈擁護，然其理想中之憲政，不過爲盧梭的人民契約，孟德斯鳩的三權分立。此因十七八世紀的歐洲，政治觀念，純爲專制主義，如十六七世紀浩布斯（Hobbes）之流，卽適應時代而爲君權說法者。以爲造法權力實爲政權的發動機關，在一國中應居最高位置，凡在其統制下之人民，祗有絕對服從之義務，否則人言龐雜，統治不足以形成。既有此似馬非馬之學說，復有當時橫蠻擅權的君主，故盧梭學說，成爲反應。然所謂盧梭之學說，固未嘗根本反對君主，止於民主共和或君主立憲之限度。卽以孟德斯鳩學說而論，亦力主刻模英制，祗須稍滲制衡原理。塞委克(Sedgwick)教授曾云，當時之反對君主專制而主張立憲，無非注意二點，卽防止造法權力握於一人之手，此人將濫用權力而不顧社會利益，甚至弄權爲生人本性，若不移執於人民而益以牽制之法，此人更當自己破壞法律，使法律本身流於無絲毫保障。塞氏之言，正中鵠目。故十九世紀初期之自由主義運動，無非一防止專制獨裁的運動而已，其目的固止在要求一部成文憲法。試案英國憲政史自十七世紀末期以來，無一重要立法而非限制王權，更可知此期立憲運動之精神所在矣。

十九世紀以來，歐洲君主立憲制分德國式與英國式。德國式君主有行政大權，而立法祗受相當限制，卽國會的意思，亦祗須相當尊重。故德國君主爲一實際統治者。而英國君主則不然，僅有君臨地位，所謂統而不治者，國會意思至高無上，王權祗能爲其犧牲。德制所趨，易流專制，於立法方面所加君主之多少限制，難於有効執行，故十九世紀末期之德皇，儼然一專制之主。英德二制相較，英制爲佳，此所以十九世紀初期，普魯士王政雖已存在，而一八三一年比利時憲法，一八五二年葡萄牙憲法，一八四八年薩爾丁尼亞憲法，均一致摹倣英國。他如一七九二年之法國憲法更多採英憲精神，卽一八七五年憲法，亦係刻摹英制。

然在此時期，既有一七八八年美國共和制於前，更有一七八九年法國大革命的民主精神於後，何以君主立憲制根深蒂固如此。一八四八年法國二次共和成立，雖然顯出予君主制以重大打擊，但究未動搖其根基，且後此日益加固。此中原因，當爲吾人欲了解當時立法背景者所樂聞。據斐息爾（Fisher）教授云，此中原因約有五點，第一，德皇威廉一世，英國維多利亞女王，均爲一時英主，頗予當時人士以君主立憲的好印象。第二，當時社會經濟問題，頗露危機，人民對於政制選擇的觀念，早已爲解決此人生問題所壓倒。第三，俾斯麥政治之成功，一切在英能實現之政策，除君主權限外，其他皆有圓滿解決，亦使人忘去君主制之弊害。第四，英國王制，爲英國安全所繫，各殖民地團結的重心，故英人亦不以君主制爲非。第五，各國君主，每以姻婭關係，保持歐洲和平，故人均樂之。斐氏之論，雖未必盡是，然各君主國之能容納民權潮流，點滴改進，使人民安心，不走極端，固爲重要原因。

然自一九一四年以還，此等要素均構成大戰的主要因子，故君主立憲制於戰後不能不一敗塗地而入於無人復喜過問之境。

雖然，斐氏之說祗能解釋十九世紀中期以後的歐洲，而不能說明一八四八年以前的狀態。一八四八年前的歐人多抱自由主義，與相梅鉄涅支配歐洲國際政治的正統主義與反動政策，為民間所深惡痛絕，此徵諸一八二一年後三十年間之革命運動，即可見一般。吾人於前段固已言之，此時之憲政理想，不過一成文憲法，以為有此憲法，人民權利，國內和平，即可保障，十七八世紀遺傳而來的君主制，一般人對之並未發生根本懷疑，故權利宣言，制衡制度，議會立法，成為要求重心，無人試一提及廢止君主。在此情形下，共和主義當然不能成為潮流，一八四八年法國之第二次共和，純為法國內政一時之反應，無非一八七一年後民主共和制勝醞釀時期的先兆而已。

歐戰以後，共和主義勃興固為五十年間理論戰勝事實證明之結果。然君主立憲積重難返，王黨勢力依然存留的中歐東歐諸國，使無德意志為協約國議和條件所壓迫，各國未必即遝採民主共和制，此又為當時之事實。威爾遜總統曾云，『解釋今日歐洲政治的發展，以為各國民意戰勝君主，戰勝軍閥或其他反動勢力，均為錯誤。在歐洲各小國及過去五十年間之德國，共和或君主尚未成爲實際政治問題，歐戰結果，各王朝雖失勢，使協約國方面不表示德國之建立共和爲講和先決條件之一，一切有王政傳習之國家未必卽入於共和政治之途徑』。 威氏之言可謂道破近十餘年來共和政治迷漫歐洲的眞正原因，英，意，日，南斯拉夫之現仍保有君主而不疑，亦可依此爲反證。 雖然，戰前五十年間，君主或共和在理論上的鬥爭，當時社會情況的逼迫，固爲重要原因，若徒賴協約國對德國之威脅，共和主義亦未必卽可成功，是威氏之言，究有偏於一面之嫌，吾人於此不可不察也。

戰後歐洲新國家，旣採共和主義，然以社會狀況及政治原則，爲確定各國元首職權之條件，實爲當時立法者之最困難問題。 第一，歐戰期間，參戰各國，因應付戰爭，一時均趨於寡頭政治，行政力採集權主義，卽立法上之傳習的神聖權力，亦一時遏置。 如英，法，意等國內閣總理，當時無異狄克推多，而英內閣對國會的責任，更一時置諸腦後，卽受戰爭影響的瑞士，亦承認聯邦政府有造法大權，是行政集中制，已成爲一時的需要，而影響於戰後的制度：當不在淺。 第二，戰後國家，勵行國家資本主義，無論其爲資本主義性質，抑社會主義性質，行政部職權因此而益繁複，固爲必然之事實，是政府組織上之行政中心，又爲不可免避之事。 誠然，此二層原因，未必卽爲擴張元首權力之要點，然對英國內閣不認其爲滿足之國家，多少必受此二層之影響，無待煩言。茲試先分析各新國家元首之權力，後再確指其中所包含之理論。

大陸憲法學者鑒於法國倣行英制，適得其反，致議會專制政府不安，而歸宿於法國總統太無權力。故愛斯曼（Esmein）及狄驥（Duguit）諸學者，均以爲立憲政府而欲行之有效，必須有一握有大權之元首，與議會抗衡。蒲留斯（Preuss）曾云，有一強有力的民選國會必須有一強有力的民選總統以抗之，『我信議會制度是以此種抗衡權力爲條件』。此言多人疑怕，以爲民選元首恐墮一八五四年法國覆轍，致令元首權力與議會權力相抗而不相下。但歐戰以後之德國與芬蘭皆景從前說，採民選元首制，而南斯拉夫則贊成後議，避民選元首之煩，直以塞爾比亞（Serbia）王室爲君主。至於波蘭及捷克斯拉夫，則刻摹現行法國制，拉特維亞（Latvia）里休尼亞（Lithuania）及愛沙尼亞（Esthonia）則以抗議會之權付之國民直接行使，而不願元首居獨立地位。

芬蘭總統由人民間接選舉，任期六年。其選舉法模倣美國由選民所選之三百總統選舉人選舉之。總統之下設內閣，閣員代總統負政治責任，總統行動止於爲監督行政或告發閣員時，方不須閣員副署。至於刑事方面，除叛國重罪外，一概不負責任。德國總統亦爲民選，但其法與芬蘭不同。總統選舉，卽由選舉國民議院議員之選民執行，蓋取立法行政兩方責任人員均出自民選，互相抗衡之意。更依德憲之規定，總統對刑事犯罪須負責，對政治則否，亦因其政治行動，非有一閣員副署，不能發生效力。遇其有刑事犯罪行爲，雖在職期間，若能得國民議院之同意，卽可根據普通法律，向法庭提起訴訟。總統若有違憲或破壞法律的行爲，國民議院亦可向高等法庭提起訴訟，但起訴的動議，必須至少一百個國民議院議員簽字，並得本院三分之二大多數之通過。但總統在政治方面，仍有部份獨立權力，卽總統若認國民議院的決定，與國民的利益不容，可提交人民複決，求人民之公判。總統意見若失敗，卽當去職，反之，亦然。國民議院對於總統亦有深切抵制權，卽國民議院若以三分之二人數通過，卽可於總統任期未滿（七年）以前要求去位，而以交付選民複決法解決之。在此場合，總統敗則總統去職，舉行另選，若議會敗，亦當自動去職，另選新議會。總統職任，亦自票決之時起，再任滿七年。波蘭與捷克斯拉夫，均倣法制，總統由兩院合組之國民會議選舉之，波蘭總統之當選票額爲絕對過半數，捷克爲五分之三。兩國總統任期，均爲七年。捷克之不採直接民選制，非有學理的根據，純爲當時國內右黨佔優勢，且曾主張直接民選，若不採間接選舉，縱不危及共和，至少亦將造成狄克推多。波蘭之不採直接民選制，純爲軍閥皮爾蘇斯基(Pilsudski)之操縱，左派之擁護皮氏者，固主張直接民選，而皮氏因欲利用總統，故棄而不爲，特改國民會議選舉制。拉特維亞，里休尼亞及愛沙尼亞，則刻模德制，欲減削議會大權，但不主張以總統之選舉付之國民。拉，里，總統均由國會選舉，任期三年，與國會同期。依里休尼亞憲法之規定，若總統任期未滿而國會被解散，總統亦當再選。又依拉特維亞憲法之規定，總統若欲解散國會，但國民以複决方法表示反對，總統卽應辭職，並卽舉行大選。兩國亦均採責任內閣制，總統行爲，均須閣員副署。在拉特維亞，總統若解散國會或任免國務員，則無須閣員副署。兩國總統，若遇國會中三分二人數之決議，亦可使總統辭職。愛沙尼亞總統，如他國總統與總理合併的形式，亦由國會選舉，但任期無定，一以得國會信任之時期爲限。茲試就上列六國，依其所述表列如后：

國名	生產	任期	與議會關係	與選舉關係	政治責任
芬蘭	總統選舉會	六年	間接	間接	無
德國	民選	七年	抗衡	直接	無
拉特維亞	國會	三年	間接	間接	無

里休尼亞	國會	三年	間接	間接	無
愛沙尼亞	國會	無定	直接	間接	有
波蘭	國民會議	七年	間接	間接	無
捷克	國民會議	七年	間接	間接	無

此外一國，倘值吾人研究者，卽爲蘇聯。蘇聯所行者爲委員制，所謂中央執行委員會是。

依蘇聯公約之規定，與上云各國大異。中央執行委員會全體對全蘇聯蘇維埃大會負責，任期爲一年，於大會閉會期間，由本身或由其所產生之常務委員會執行立法事務。依其職務而觀，所謂中央執行委員會實爲一立法與行政合併之機關，吾人以之列入元首而討論，固爲非宜，然亦相對爲是，不過不能與一般三權制之國家相提並論而已。

是吾人於茲當分爲兩組討論之，一屬於上云七國，一爲蘇聯。茲先言前者。在上云七國中，吾人爲精密研究起見，祗能擇一憲法完備之國家爲對相，然綜合觀之，吾人亦可稍得一二基本概念。第一，在七國中，任期長者居其四，而採行責任內閣制，則除愛沙尼亞外，無一國爲例外（其實愛沙尼亞亦等於責任內閣）。據此，可知各國對元首有一根本相同之觀念，卽欲使其地位超然與穩定，爲維持安定政治之重心。第二，德國元首與議會居抗衡地位，兩者均由選民直接選舉，此層他國雖未擇用，究爲德憲中精心結構之制度，頗爲研究憲法者所注意，其對於制裁議會之輕率與跋扈，意義甚深。第三，愛沙尼亞之制，迨爲國會委員制之一變形，其搖動之程度，各國殆無其鄙，必須行於小國寡民且具瑞士政治精神之國家，庶幾無弊。第四，行政元首能與選民直接發生關係，且賴之以爲抵抗國會之工具者，亦祇德國一國，此殆爲民選總統制之當然結果之一，無甚特殊理由。是綜合論之，關於元首職權之立法精神，已有二點，成爲一般之趨勢。卽元首地位之穩固及藉元首超然之地位以牽制百年來專橫輕率之議會。後者雖僅存於德國，但因德憲已垂爲三權制新結構之模範，吾人固不能不承認其於立法新原理中，佔有極偉大之勢力者也。

然則何以各國均斤斤注意元首地位之超然與穩固，此蓋各國受英國內閣制之影響極深，深信超然地位之元首，爲政黨政治所不可少，且爲政黨握權更迭時期之最好舵夫，雖無折衷尊俎之力，究有維持政治不致中斷之功。若美國之三權分立，種種不便，或則總統與國會意見各執，百政俱廢，或則總統權傾一世，議會機關等於輔弼，均非政黨政治之佳象，早已爲憲法學者所洞察，而評孟德斯鳩學說之不通。雖然，內閣制誠善矣，然如英國之舊轍，究嫌國會之專橫，而尤以法國國會爲專橫輕率兼而有之。故德國新憲法之起草者，藉超然總統之地位，執行抗衡議會之手段，俾憑自己之行政經驗，並賴民衆力量爲後盾，以糾正議會之行動。　誠然，依德憲所定總統執行此權，亦非易事（參看第七十三條）。　總統集有此項大權，而國會亦有利用國民票決使總統去位之權，若去而不得，國會自動解散。二者均爲調和英美制度之結果，英制美制，均有其弊，是德制之較勝一籌，實未可絲毫否認。然則，是內閣制下超然地位之總統，於茲又不超然矣。　其實以萬人共瞻之總統，又何必祗以舵工或和事老爲滿足，從內閣制觀之，德總統固能滿足超然地位之功能也，若更從抗衡議會一點觀之，又實爲代表國民以監督立法者，時移勢異，兩者截然不同，亦無矛盾之弊，此所以德憲中總統職權成爲新說之深固理由。

於此，再略論俄國之制度。　俄國制度，出發點卽反對三權制，故無何元首特權之足云。但茲所欲云者，爲比較俄制與一般之制度，究何優劣。　三權分立固無理由，若國會內閣制，又有何充足理由之足云。　英美之制，其用意全在防執政者之專橫，既用分權以制執政者之流於跋扈，明明顯示民衆之無力，民衆既無力，又有何民主政治之足云。　故民主與否，不在分權，而在人民是否有其監督政府之實力，使人民而有之，政府內部，一分職之場合，無分權之必要，因根據卽無權之可言，其所有者做事之功能耳。　故使民衆而有組織，能成爲政治上之眞正原動力，一權，三權，五權均可，全爲組織上的經濟與効率問題而已。但是，依余所見，一權制固爲今日最優之政制組織原則，人民既有有効方法監督於後，何不使政府應辦之事，通力合作，以收組織上節省與效率之効果，此蘇聯制度之成爲新制度之先導之又一理由也。乘便論之，此固非屬於本文之範圍。

奧國學派經濟學說述評

李炳煥

奧國學派，又稱心理學派，其領袖爲孟格(Karl Menger)，彭巴桓克(Bohm-Bawerk)，與維叟（Wieser），都是維也納大學經濟學教授。他們的效用價値說，爲經濟思想開一新紀元，居然把勞力價値說與成本價値說推翻了。按照他們的竟見，價値的决定，常受心理的影響，而以界限效用爲標準，價値的源泉，出於人類的慾望，並非附着物質的本身。茲先追溯學說的淵源。

效用價値說，導源於主觀價値的觀念。孔底亞（Condillac）說：『如果沒有慾望，那末就沒有價値，理想的稀罕和實際的稀罕，對於價値的决定，有同樣的勢力，效用不是附着物質的本身，而屬於人類心理。』休佛蘭（Hufeland）說：『貨物所以成爲貨物，實靠着人類對於貨物效用的認識。』麥利塢（Macleod）以爲價値好像聲色之存在人類腦海，實際上並沒有聲色和價値。效用價値說的先鋒爲鄭甯司（Jennings）和傑文斯（Jevons）等。鄭氏對於心理學方面，多所闡發，關於價値的估計，尤爲注意。傑氏區別總和效用與最後效用，以價格爲買賣時雙方競爭的結果。鄭氏對於效用漸減律，大有研究，傑氏受其影響不少。奧國學派祖述其說，從而發揮光大之。效用價值說與實利主義有些相同，帶了唯樂主義（hedonism）色彩，謂個個人都有利己心而以最少犧牲得到最大利益爲原則。休謨（Hume）哈得利（Hartley）與密爾（Mill）父子的學說，對於奧國學派的經濟思想都有多少的影響。

奧國學派研究經濟學，純用演繹法，常常利用種種假定，闡發原理。孟格（Menger）謂歷史敘述過去的事實，而經濟學研究經濟現象，以歷史材料發闡法則，是不行的。維叟（Wieser）說：『經濟學的價值論，和力學的吸力法則一樣，統由假定推求而得到。』他們以爲經濟現象複雜，不能應用試驗法或考察法，可以演繹法推求，因爲苦樂的感覺，對於個個人都有同樣的反動。

亞丹斯密（Adam Smith）分價值爲使用價值與交易價值，而專談交易價值。奧國學派對於效用與價值，詳爲區別。維叟謂效用爲經濟學的主要原則，價值雖足反映效用，但是不能射及全景，價值爲計算效用的方式，我們不能估計農產收穫的效用，而能計算牠的價格。效用要變成價值，不僅要有滿足慾望的能力，還要靠着某種慾望的存在。水能解渴，原爲有用之物，但是除非數量缺乏，水就不會發生價值。江河之水，取之不盡，用之不竭，沒有價值之可言，而城市的水却有價值。簡單講一句，效用是滿足慾望的能力價值是人類幸福必需的條件。人類慾望複雜而慾望本身就是不完備的感覺價值的中心在乎人類心理。

奧國學派謂主觀價值是個人對於一件貨物給予幸福的估計，客觀價值是交易的能力，這兩種是獨立的概念而習慣上常混爲一談。彭巴桓克與維叟又把交易價值，分爲主觀的，與客觀的。主觀交易價值靠着貨幣的數量，與其在生活費所佔的地位，客觀價值無論何人都是一樣的。每一個人的慾望，分爲等級，對於各種貨物有所輕重，心理不同，而主觀價值因而不同。這種主觀値價，無形中在交易時，互相比較，人們在市場上因接觸關係，主觀價值居然影響交易價值。主觀估計爲價格的基礎，價格的決定，須看（一）那個團體參加競爭，（二）每個團體的交易能力怎樣，（三）那個團體發生買賣，（四）那個是界限購買者，那個是界限出售者。彭巴桓克說：『價格是市場上買賣兩造對於貨物主觀估計的結果，主觀價值靠着慾望和財富，價格決定於界限購買者的主觀估計。』

孟格稱經濟財貨爲滿足人類慾望的東西，價值依照滿足慾望的程度而決定，在某個時期，貨物數量愈增加，而界限效用愈減少，譬如第一杯水，對於口渴的人所生效用爲十，第二杯爲九，第三杯爲八，效用逐漸減少，以至於零。實際上，我們不能單獨滿足一種慾望，而把別種慾望拋開，茲將主要慾望列表於下：

I	II	III	IV
10	9	8	7
9	8	7	
8	7		
7			

I代表食，效用最大，計10。II代表衣，效用爲9。III代表住，效用爲8。IV代表娛樂，效用爲7。而滿足食慾的時候，又因數量增加，效用逐漸減少，以至於零，其餘各項照此類推。各種慾望與人類幸福相關的程度不同，而價值決定於界限效用。

消費財貨直接滿慾足望，生產財貨間接滿足一望；麵包是麵粉做的，所以麵粉間接滿足慾望；麥，勞力，與土地等，又其間接之間接；生產財貨的價值，純從其生產物得來。一切財貨的最終目標，是滿足人類慾望。孟格說：『生產工具就是製造中的消費財貨。』他稱消費財貨爲第一級財貨，造成財貨的財貨爲第二級財貨，第二級財貨的生產要素爲第三級財貨，照此類推。 譬如麵包爲第一級財貨；麵粉，爊爐，勞力爲第二級財貨；麥，磨坊爲第三級財貨；土地，農具爲第四級財貨。 消費財貨的價値，決定於界限效用。 如果我們要問土地和農具的價値到底多少，不是去估計牠的成本，要問牠所生產的麥多少，而麥變成麵粉，做了麵包，給予人類的效用究竟怎樣，生產財貨可生無數貨物，而界限生產物的界限效用，決定生產財貨的價格，這樣看起來，成本是價格的結果，不是價格的起因。

奧國學派中維塞對於價値論發揮最透徹，他想調劑成本價値說與效用價値說，他承認再生產財貨的價値，決定於生產成本，不過那是界限效用說中的一個特別例子罷了，生產成本說僅附屬於界限效用說，而界限效用說爲價値普遍的和根本的學說。 維氏以爲某種貨物最初用的時候，效用最大，假定第一件的效用爲10，從此加到十件同樣貨物，那末效用會逐漸減少，附表如左：

1	2	3	4	5	6	7	8	9	10	11
10	19	27	34	40	45	49	52	54	55	55

第一件的效用爲10，第二件的效用爲9，兩件總和效用爲19，第三件的效用爲8，加上19，變爲27。 照此算法，界限效用遞減，而總和效用增加。但是估計價値的時候，往往不是依

照效用的實數第一件財貨的效用爲10，第二件的效用爲9計19，而估計價值的時候，我們對於第二件所生的效用，以2乘9得18，參閱下表就可明瞭。

10, 18(9×2), 24(8×3), 28(7×4), 30(6×5) 30(5×6), 28(4×7). 24(3×8), 18(2×9), 10(1×10), 0(0×11)

貨物的數量愈增加，而界限效用愈減少，每單位的價值亦隨而遞減，總量貨物的價值，其初自10加至30，後來慢慢跌到於0。財富增加而價值反減，實似是而非之論(paradox)。原來價值包含兩種原素：一個是正數(positive)一個是負數(Negative)。正數是人類應用財貨所感覺的滿足，這種感覺隨貨物數量增加而逐漸減少，超過某種界限後，如果增加貨物的數量，而價值無所增減。從負數(Negative)方面來講，一切貨物不特靠着效用，還要與人類幸福有密切關係，貨物過多，人們對之，就漠不相關，如果貨物數量增加，而人類幸福並不增進，那末所加的貨物有什麼價值。我們估計價值，是以界限效用爲標準，超過界限的效用，不生價值。比方有兩件貨物，第一件的效用爲10，第二件的效用爲9，總和效用計19，但是估計牠的價值，是以9×2計18，其中相差爲1，如果有四件貨物，總和效用爲10+9+8+7=34，但是價值爲7×4=28，其中相差爲6。茲將價值的正數(positive)，負數(Negative)與其餘數(Residual)，列表於下：

	1	2	3	4	5	6	7	8	9	10	11
正數(+)	10	19	27	34	40	45	49	52	54	55	55
負數(−)	0	1	3	6	10	15	21	28	36	45	55
餘數(+)	10	18	24	28	30	30	28	24	18	10	0

正數和負數合併起來所得餘數，卽等於界限等級(marginal scale)，貨物單位增加總量的價值也增加，這是價值變動的上級 (up grade of movement of value)，反過來說，到了界限效用發現後，貨物單位增加而價值反減，這是價值變動的下級(down grade of movement of value)，我們貨物過多，或完全沒有其價值都等於零過多則主觀價值失去，完全沒有，則客觀價值無所依附。

奧國學派的價值論已經述其大概，現在再就補充財貨 (Complementary goods) 研究一下，有些貨物是幾件合配起來，缺少一個，效用就減少，也許至於消滅。鹽以調味，原爲補充財貨，如果缺少我們就感覺不足，靴子失了一隻，一雙的效用就失去。補充財貨的價值，是決定於團體的界限效用，而不是個別的效用。彭巴桓克以爲補充財貨的學說，可以應用於分配，勞力與資本同爲生產要素，牠們的供給量與移動性 mobility，對於競爭，大有關係，而分配的應得依照界限效用而決定，企業家應用生產要素，常受代替律（law of substitution）支配，換一句說，企業家常把界限生產力爲分配的標準。

彭巴桓克的利息說，在經濟思想史佔一重要位置，所以特地提出討論。他謂利息所以產生，是因爲人類對於現在財貨的主觀價值估得大，消費借款與生產借款都不外現在財貨與將來財貨交換罷了，利息由現在財貨與將來財貨價値的差異而產生。他把借款的用途分爲三種：（一）正當的消費，（二）浪費，（三）生產。他最注重第三種，並且他所稱生產，單獨指機器與原料，土地不算在內，購買土地或房屋的借款，對於利息沒有關係，利息的高低，按照界限生產力而決定。

綜觀奧國經濟學說，我覺得他們的貢獻固多，而缺點也不少。呂嘉圖派（Ricardian School）以生產成本決定價値，學者奉爲金科玉律，奧國學派出而推翻前說，一掃從前注重供給的流弊，效用價値說，確是當日的救藥，但是未免偏於需要方面。價値不是界限成本決定的，也不是界限效用決定的，是供需均衡（equilibrium of demand and supply）決定的。價値爲交易的比例，用貨幣來表現，卽爲價格，我們知道價格怎樣決定，對於抽象的價值，就可明瞭價格依照供需的勢力，歸於均衡點，市價隨時變動，而範價至少須顧到成本。鐘擺時時搖動，一會兒東一會兒西，但是到底歸於均衡；價格雖時有高低，但是供需終久均衡。奧國學派的價值論，正像呂嘉圖派的價值論的偏，馬夏爾（Marshall）調劑兩派學說，而久懸不決的價值論，才告一段落。

嚴格講起來，界限效用說不能成立，人類慾望複雜，一種慾望滿足，別種慾望又起，奧國學派誤認某種貨物到了界限效用發現後，卽失其效用，他們謂第一杯水的效用爲10，足以救濟旅客生命，數量增加，效用逐漸減少，以至於零，這種說法不過是假定，不切事實，水不特可以解渴，還可燒飯，洗澡，以及其他用途。高孫（Gossen）說：『財貨有了新用途，牠的效用就不會減少。』

界限效用說既然不能成立，那末奧國學派的分配論未免發生問題。分配的應得（distributive Share）從企業家眼光看起來，就是生產要素的價格。供給，需求，價格三項，互相影響。界限效用說，過於抽象，不能解釋實際的分配。彭巴柦克謂利息產生於現在財貨與將來財貨價值的差異，這種學說僅能解釋消費借款的利息，而不能應用於生產方面，界限生產力實爲利息的起因，彭氏的時差說（time difference theory），未免美中不足。

奧國學派以抽象心理學說，解釋經濟現象，把歸納法一筆勾消，所以他們的學說，不切事實。按照界限效用說，個個人有一消費界限，他要比較各種貨物的界限效用，其實買者常受情感，廣告，風俗的影響，選擇未必自由。界限效用說，錯在認定買者以理性估計各物的效用。消費者的購買力和嗜好不同，供給少，物價高，富家翁固然買得起，而平民要等供給多，物價低，才能購買。這樣看起來，貨物的需求不是經濟人（economic man）估計價值的結果。奧國學派的經濟學說，深受唯樂主義（hedonism）與實利主義（utilitarianism）的影響，這種側重經濟動機的學說，是根據舊心理學，與行爲主義相反，是反科學的。行爲主義把經濟學的心理觀念革命了，我們不要再中舊經濟學說的毒；須應用科學方法，研究經濟制度的起源，發展，與變遷。經濟學爲人類行爲的科學，敘述經濟行爲的累積變遷，經濟制度不過是社會經濟思想和行爲的習慣。奧國學派偏重演繹法，眞是大錯特錯。現在制度學派（institutional School），雖然只有范勃崙（Veblen）唱獨脚戲，但我相信，經濟學說非與經濟制度一仝研究不可。崇拜奧國學派的人們，平心靜氣想一下，也許不以爲我的批評爲過當。

行政學在近代政治學上的地位

黃中華

行政學之作用與目的

研究行政學的作用與目的何在呢？換句話說，爲什麼要研究行政學呢？

(一)建設廉潔政府。建設廉潔政府和澄清吏治的聲浪，近年以來，可算是瀰漫了街頭巷尾。但是究竟到了什麼樣的程度才算廉潔？又怎樣才能建設起來呢？是否單憑良心的譴責和利用遺訓標語來感化開導，就可以建設起來的呢？或者，對于少數人可以希望這樣將其感化得來，但是如果想由此而達到吏治的澄清和廉潔的政治，就未免難乎其難矣。不然，嚴霜烈日下的十字街頭，不少熱誠的信徒佈道，輝皇巍峨的教堂裏，不少嚴肅的教士講經，如果靠良心的開導可以滌盡貪汚舞弊，則改良世道人心的偉大功業，應讓此輩捷足先得了。然則將如何的才能建設廉潔政府，澄清吏治呢？又什麼樣子才算得廉潔呢？廉潔的標準此處暫不去確定，但至少在消極方面應能杜絕貪汚舞弊，而杜絕的方法不在事前的勸導，也不在事後的嚴懲，乃是從行政的管理方法上根本改良設法。如果行政系統規劃得井然有序，機關組織得有條不紊，用人方面和財政方面又採用所謂科學的管理方法，把全部行政機關弄得像部機器一般靈活輕便，那末監督指導，攷核，調查，就自然如臂之使指！脈絡貫通，統率全局便如使機器般的運用自如，這樣一來，推諉，苟且，欺瞞，蒙混種種毛病自然就無從發生。大凡貪汚和舞弊多由蒙蔽而來。若在有方法有計劃的指導監督之下，蒙蔽是絕對不可能，而貪汚舞弊，取巧偷懶，一切腐敗現象卽使不能夠一廓而清，至少總可以減低至最小限度。所以如要實現澄清吏治，和達到建設廉潔政府的目標，就不能單恃監察彈劾的老調子可能奏效的。必須從行政管理的方法上改良整理，才是妥當的辦法。

(二)**實際行政學識的訓練**。現在的世界乃是科學統治的世界，什麼事物都重在事實的蒐集，精確的研求，專尙玄想空論的探討，已不能應付這樣繁複錯綜的局面了。政治學近年以來已穩佔了專門學問的地位，而行政學尤其是此中最專門的問題。所以擔任行政職務的官吏，絕不是單讀過些原理學說的書本所能勝任愉快的，非經特別的訓練與專門研究不可。孫中山先生在民權主義講演裏，把「權」與「能」分開。所謂能就是專門人材的意思。他將人民比阿斗，行政官吏比諸葛亮，人民比坐汽車的，行政官吏比之汽車夫。行政官吏之須有專門訓練，猶之乎諸葛亮，和汽車夫都須有他們的專門技能一樣。

我們平日在學校裏所窮鑽極研的，多是些名詞學理，對于實際問題的講求，極少極少。所以一旦踱出了校門，擺脫了書本眞個負起責任事時，才覺得從前學得了滿腹經綸，原來一點也用不着，一切的一切都要從新學過，因爲社會對於初出校門的青年所要求的，似乎不是那些治國平天下的大道理，反是些他們平日不屑注意或忽略了的實際小問題。所以我們爲要適應這科學昌明的時代，就不應忽略了這門技術的訓練，和些實際的問題的講究；而行政學就是供給我們這些智識的。這是必須研究行學的第二理由。

(三)改善行政系統　行政系統之規定妥當與否，對于行政效率上有最密切的關係。我國行政系統隨時更易，沒有一定的標準。而行政機關的設立又多因人設事。人人都抱住『所識窮乏者得我』之一念，今日增一部，明日添一署，或昨日剛設，今朝又裁。結果遂造成支離破碎，疊床架屋的紊亂煩複的現象。行政系統不妥當，就影響於職權上的劃分。每每有同一性質的事而分爲幾個機關執掌的，有以一個機關而負責無數非範圍內應管之事的。有些事議了再議，呈了再呈，批了再批，而議來議去，總歸就是這幾個人，呈的是他，批的還是他。職權劃分不清，機關的組織又紊亂麻煩，弄得應管的不能管，不應管的却駝了一大堆在肩背上。不獨徒然浪費政費，虛縻國帑，但行政的效率上，亦因而受了絕大的影響。行政系統不妥當，機關組織不完善，勢必至產生轉折，延宕推諉，爭權，敷衍，廢弛各種弊病。要想免去這些毛病，就須研究行政學，因爲行政學就是討論行政系統的問題的。這是我們要研究行政學理由的第三點。

（四）增加行政效率。行政上最重要的是辦事敏前，手續簡單。我國行政系統紊亂，已如上述，而行政內部的腐敗更成公開普遍的事實。許多到衙門去的名爲辦事，實則無事可辦，無非是練字，談天，吸烟，如是而已；非無事可辦也，不辦罷了。此外手續的繁苛瑣碎，遲緩延宕，都是些常見的現象。照平常能率去做事已是不可能了，那裏彀得上談效率兩個字？這大概是官場習慣成了風氣吧？分明當天就可以做完的，然而到了中國「官」的手裏，就必須拖延時間甚或擱置起來，以至像石沈大海似的再不見重提了。此外，如機關的組織不妥當，職權的分劃不清，用人方面無方法，事務的分配無標準，少條理，這些種種都是構成弛緩腐敗的原因。有人常懷疑我國人根性是惰性太重，所以精神弛緩，但是我很奇怪，爲什麼在洋行裏辦事的不也是中國人嗎？又何以那樣的緊張勤快呢？無他，制度上方法上的善不善而已。我們如要增加行政上的效率就必須研究行政學，因爲行政學的最大目的就是研究增加行政效率這一點的。

（五）減。少。行。政。浪。費。　行政費用乃從賦稅而來，文文都是人民血汗的結晶。　近來政府所經營的事務，隨社會的進步而日漸加多，因而行政費用也跟着加增。　本來行政費數目之大小不成問題。　所成問題的，祇是用的得當與不當一點。　實在每年的行政費用確有許多是浪費了的，這不單獨中國爲然，外國也是如此；不過人家近年來已鋭意整頓，幾乎是錙銖必較分文不使浪費了。　我們如果也倣效人家，採用最新的管理方法，稍加整理之後，必定也可以節省一大部分下來。　所謂節省並不是緊縮，緊縮主旨在裁員減薪，節減支出，行政學裏所研究的是糜費浪費的節省，其作用並不在裁員減薪上着想，員不一定要裁，薪或者還要增，牠的目的祇在以最少量的費用時間與精力，而企圖得到最大量的效率與成績。　總起來說，爲什麼要研究行政學？　簡單地答，就是行政學是以科學的方法來管理政務的。　二十世紀的世界是科學統治的世界。　行政學已隨着社會的進化而擴大其範圍與職務。　從前祇要熟讀半部論語就可以治天下的，現在非有專門學識，高深技術，特別訓練，就不配當行政官吏。　汽車夫必須有專門的技能，行政官又何嘗不要專門的技術？　刷新政治，澄清吏治，已是目前訓政期間最急切的一個問題，要想改決這個問題就有待於行政學的專門研究。

什麼是行政學？！

（一）行政學的範圍　行政的行為，雖然自有政治的組織的時代起就存在了的，可是，行政之成為一種科學其壽命還不很久，行政學原本屬政治學範圍內之一部，因近幾十年來國家的機能擴充，政府的職能增加，而行政的現象也由單純而日趨複雜，因而一般學者們認為行政現象既如是之複雜，而行政學的內在性外延性更如是之擴大繁重，實應該由政治學的附庸地位獨立起來，自成一種專門的科學。　於是行政學的地位，因得各人熱烈擁護而日漸抬高其身價。　但牠的歷史還是很短，資望仍是很淺，所以其內在性與外延性應當如何，換言之，行政學應該統有多少的領域的問題，還在衆人紛紜爭論之中，沒有十分確定下來。　此處對於這個未決的問題，且不去澈底的研究牠，可留給一般學者們去從詳討論好了。　但是為研究的便利起見，又不能不劃定一種假定的範圍，以為討論的標準。

行政(Administration)　一字在應用上可分為廣義的與狹義的兩種解釋。　第一，廣義的，所謂行政所指一般的行政而言，或為國家諸機關的行政，或為社會公共團體的行政，或是各種企業團體的行政，所指不一，而統可稱之為行政。　又近世將國家的機能分為三權鼎立，或為五權分立，將立法，行政，司法，或另加監察考試等各種作用，　分配於各別的機關而掌管之，每機關日常事務的措施，均統謂之爲行政，初不問其爲立法院之立法事項，司法院之司法事項，抑或行政院的行政行爲也。簡言之，廣義的行政係指國家機能的一般措施而言，凡屬於國家機關之一切作用，均得謂之爲行政。至於狹義的，則單指行政機關的職務處理而言。此地所討論的行政學則以狹義的性質爲範圍。

除上述廣狹二義的差別而外，尙有一點須加說明的，就是行政機關普通又分爲中央行政，省行政，市行政，縣，鎭，鄉，區等行政。然則行政學的領域中所包括的是全體呢，抑還是某一項？上述各級政府，其職能的性質並無差別。所差別的不過是內容與規模的繁複大小而已。譬如以具體的事件而言，關於實業，財政，交通，衞生，秩序的種種維持，無論其爲中央也好，省也好，地方也好，其性質均屬一體。不過中央的其內容與規模較繁較大而已。雖然，但從行政學的方面看去，則毫不以這些差別而成爲同題。上述的諸項差別，乃行政機關機能上具體事件的內容的差異，非行政學範圍內之事。行政學所討論的對象又屬另一事項。牠的對象是方法問題，技術問題。例如職權應如何分配，機關應如何組織方能得協調聯繫之效，人員的任免，其資格，標準應如何規定，又如何訓練，監督及指導方能增加效率。財政的收支監督與整理，材料之供給保管與支配等等，這是研究一般的行政技術與方法的問題，不因各級政府的地位而生差別的。這些技術與方法各級機關都可以適用而且都可獲同等的效果。

總結起來說，凡各級行政機關的事務措施，均爲行政學範圍內應討論之事。

(二)行政學的意義 行政學的範圍既經暫定如上，但何爲行政學？其意義是什麼？欲解答此問，則須尋出其定義。關於行政學的定義比較妥當一點的而且是最早的，要數前美國前大總統威爾遜氏。他說：

『行政的領域就是事務管理的領域。……吾人之所以研究行政學，其目的在尋求某種確定的原理，將行政學建設於穩固的基礎上面，以指導行政的方法，以免其常在混亂浪費之試驗期中掙扎。……所謂行政就是精細的和有系統的執行行政公法之謂。凡是專爲實現一般法律目標的行動，均屬行政的行的。』其次還有古諾(Goodnow)氏的說法，他說：

『所謂行政的機能就是在司法性質的意義之下，而執行依着合法的權力的機關所發表的國家法律或國家的目的之謂。』

上述兩條定義，雖屬名家手筆，但在現在看來，則似乎不免有些未盡善處。譬如古諾氏之說法把行政學與行政法沒有明顯的區分，且把行政學的範圍與目的，縮小到奉行法律的方法一點上去。依威爾遜之主張雖較詳盡一點，而且標明了行政學的目的在求得某種方法以避免浪費與混亂之現象，然而究嫌其祇是消極的說明，而不將行政學的精義握要地提出。而且把行政學的目標偏重於法律執行的方面，而忽略了技術方面。

最後且讓我引懷德（Leonard White）的話；他是一位研究行政學的專門學者。他說：

『行政者執行公共事務之謂也。行政的活動，其目的則在以最敏捷及最經濟之方法，將公共的計劃完善的實現。』他又說：

『公共行政就是在實現國家的目標的途程中，關於人員與物質的管理方法。』

這兩個定義，都是側重於事務的管理方法方面，對於行政行爲與法律的意義一點，則撇開不說。照此種定義，舉凡一切的社會團體，無論其爲工商的，慈善的，宗教的，教育的，種種公共機關事務的措施，以及國家機關政務的施行，都可稱爲行政。還有一點要注意的，就是他並不將實現國家的目標一語加在裏面，因爲很明顯的國家的目的不限於此一二端，還有弘人權利的保護，秩序的維持，全國福利的設備等等，實非行政範圍內應有之事，故認定了行政學祇是實現國家機能的手段的研究。

(三)行。政。的。問。題。的。分。析。　凡從事於某種內容複雜的問題研究之時，第一步工作則首先要將此項問題加以分析，然後才能找出構成此項問題的因素。依此方法，我們將行政學的問題分析之後，認爲全部行政學可分爲下列五項去討論：

一、一般的行政問題

二、機關的組織問題

三、人員的任免問題

四、物質的供給問題

五、財政的收支問題

以上五項的行政問題，無論那一個行政官吏，凡是受了委任去負責處理行政事務之事，他都免不了要知道的。第一步他要做的，就須先要決定關於行使及負責指導（Direction），監督（Supervision）及統轄（control）一般機能的基本問題。這些問題在行政學的專門術語上就稱之爲普通行政（General Administration），或稱之爲上部的行政

(Overhead Administration)。 第二步，他就要決定全部的構造的性質，就是各部職務負責的機關組織的問題。 此項問題比較的尙形簡單，如事務性質是單純的則機關組織自然輕而易定，如果性質複雜的則組織當然較繁重。 全看事務性質的繁簡而定。 第三步，要注意到用人問題了。 職權雖然劃定，機關雖然組織好，但這些都是空架子，必須配置人員在裏面工作，才能活動起來。 人員的任免規程如何？ 應在何種情形之下工作？ 這都要有一定的方法和計劃的。 第四步談到物質的供給了。 辦公房屋的建築，辦公室內的裝置，公文用具的供給，以及其他爲行政人員辦公所需要的一切材料消費品的供應，即所謂庶務的問題。 最後第五步是財政問題。 如同收支，儲蓄，分配，賬簿的保管，及收支的報告等，都應有一定的方法。

上述五項問題不過就其犖犖大者，標舉出來罷了。 當然，每項問題再可細分爲許多專門的小問題。 此處且不去細分。

(四)**行政學與行政法之區別。** 何謂行政，上面已說明了，但行政與行政法有什麼區別？ 行政法普通稱爲公法之一種。 公法原有國際公法國內公法之分別。 國內公法又有憲法及關於司法權之法，行政權之法種種。 然晚近法學發達之結果，行政法已獨立別成爲一種專門科學。　法郎古諾氏在其比較行政法一書，對於行政法所下之定義爲：
『行政法者公法之一部份，乃規定行政權之機關組織，及確定行政的合法範圍而明示私人以如果其私權受侵害時之補償的法則者也。』

此項定義明顯確當的指出了行政法的題材乃屬於法律的領域，而且肯定其最大目的爲個人私權之保障一點。又據白鵬飛先生行政法總論裏對於行政法之概念一款內，對於行政法頗有詳盡之闡明，今特提出其扼要句語數節以代說明。他說『(一)行政法者公法也。公法爲規定公共生活之法，包活國家法及公共團體法。(二)行政法者行政權之法也。……行政法所論爲行政權之組織，及行政權與人民之關係。(三)行政法可分爲行政組織法及實質行政法之二部。行政組織法者，以闡明行政權當由何種機關行使之爲目的者也。實質的行政法者，關於行政權主體之國家或公共團體與其所屬人民之關係之法也。』由此觀之，行政學與行政法學，其意義全不相同，卽其題材或其所研究之對象，亦各有差異。從意義言，行政法學乃公法之一部，是故屬於法學範圍。而行政學乃研究行政上之方法與技術，乃屬於政治學之範圍。從研究之對象言，行政法學乃以行政法爲題材，而行政學則以現實的經濟社會及政治諸種問題爲對象。再從目的言，行政法在規定公私的義務與權利，而行政學則在增加行政效率與減少行政浪費爲目的。是以從意義，對象，及目的三方面來比較，行政學與行政法學確截然有別。雖然，惟二者實有最密切之關係，不啻兄之與弟也。因爲行政法學之演進，每每以行政學所得之結論爲參考。而行政學所研究之問題，亦多以行政法之規定爲準則，故二者實依爲用，但同時亦互爲牽制。何也？因爲近來國家機能增大之結果，行政權力亦同時膨脹。幾乎一切關係公益之事都盡囊括在行政權力支配之下。而一般行政學家惟知注意於增加效率的問題上面，而忘記行政權力繼續膨脹之結果會防害私權之安全一點。在此情況之下，就不能不有待於行政法學家出而糾正之。此所以二者雖相爲用亦互相爲制也。

（五）**行政管理與私營企業管理之比較** 在上面行政之範圍一節內曾提過，謂照一般的行政意義言，凡一切公共團體事務管理，無論其爲私營企業的管理或國家機關的管理，統可稱爲行政。而近世之所謂工商業的科學管理法，其目的亦在少消耗多效率，與行政管理方法之目的正同。然則此二者當無差異了？是又不然。目的上二者固相同，但作用上則大異。今試將兩者加以比較的研究，便可明白。

在應用上，公共行政之管理比較私營企業之管理，實有許多缺點。譬如第一，在用人方面，行政機關對於任用私人，囿於黨見之機會獨多。而且苞苴賄賂，寅緣請托，已成爲官場普通現象。故用人則純以私人感情爲主，以黨派關係爲先。在私人企業方面則不然，職工之雇用則均以資格材幹作標準。因此在管理上，私人企業的效率易增，而政府機關則難。

第二，私人企業因常懷着利潤之增加的動機，所以盡心竭力的續謀改善，力自鞭策與人競爭，所以其事務易於奏效。政府方面則並不以貿利爲目的，無利潤增殖之動機推動，所以做起事來總存着得過且過，和尙撞鐘的心理，毫無改善競爭之熱誠與興趣。結果成功難期，而敷衍反成必然之現象。至究應如何方能提起在行政機關服務人員競爭勇進之心，實爲吾人研究行政學的所急宜潛心研究的。

第三，行政管理還有一件很大的阻撓，不如私營企業的方便的。行政機關最拘拘於「成案」「先例」，一切的事都不敢放手去做，處處都找「先例」照「成案」，有許多事利多害少本應做的，但「先例」具在，又不便明知而故犯，即想破除「先例」也不是容易的。在私人企業方面則毫無此種束縛，此又是後者較前者易於成功之一點。

從上面這樣說來，彷彿是行政機關在管理上處處都比不上私人企業管理之易於奏效，然則行政學所企圖之改善諸點，當無希望矣，是又不盡然。行政機關也未嘗不無牠的優點。例如：

第一，在私人企業內服務的人員，其最大目的唯在於薪俸，而在政府機關服務的，除了薪俸以外還有地位與榮譽之引誘。同是一樣的小職員，但在政府機關服務的，在一般人的心理上，總覺得比較在公司的地位上，榮譽上，前程上高得多，希望多。所以一般有爲的青年，都想跑到政府機關去服務，在這點上看來，政府機關也未嘗沒有改善的可能。假使方法妥善，用得其當，則效率和節省的目的，不是沒有希望的。因爲有志之士，確想在服務上努力做一番事業，以抬高其身價和培植其前程。倘能善爲利用這一點潛藏着的動機，以作行政改善的手段，則奏効亦殊不難也。

第二，在私營企業裏，其最大動機唯在貿利，所以能處處顧慮到撙節，增進效率。但在政府機關裏也未嘗不可志於此道。這不過因爲從未有人提倡使成風氣罷了。或有人問，私人企業所獲的利潤分配於股東們，其理順。政府機關所得將分配給何人？簡單地答就可說是分攤還給民衆。因爲行政費用原係來自賦稅，如果能率增進政費樽節了之後，則人民賦稅的負擔也因而減輕。這不是等於攤還給民衆嗎？如果我們以此點來提創鼓勵政府機關。每個機關於年終時都作有一種簡明的圖表報告，以說明其撙節之結果，上級的機關也以此作攷成及獎勵的標準，造成風氣之後，人人懷着競勝之心，則浪費一層自然可望減少。

由此看來，公共行政的管理與私營企業（卽工商業施理）其目的同，性質同，但在應用上方法上則各不相同。在現時情況之下，欲企圖達到多效率少消耗之目的，政府機關似遜於私人企業，但前者亦非絕無可能，惟在吾人潛心研究善爲利用之而已。

行政學的進步

（一）行政學過去之地位　行政學這個名詞，在許多人的心目中還是很新的。一說到行政學，不能立刻明瞭牠的涵義和對象。甚而有多數人還把牠和行政法學混淆在一起。這原不足怪：因爲行政學本是一門新興的學科，而且是從政治學和行政法學裏孕育長成出來的。習見尙鮮，所以令人認識模糊。

關於政治學和行政法學的書籍，在中國雖還不算多，但也還有幾本。至關於行政學的書，則簡直像晨星的寥落。中國固不待言了。就是在東西洋諸國，關於這類的書籍也是很少的。

自來一般學者多專力於政治理論的探討，而忽略實際行政的研究。卽使有討論到的，亦祗附屬在行政法學裏研究行政權之行使行政的組織等等法規的問題罷了。譬如德人施台因(Lorenz Von Stein)可算是研究行政學最早的一位了。然而其所劃定之行政範圍與意義，仍脫不掉行政法學的領域。其後各國講行政學的人們又均祖述其說，鮮有新的貢獻。因此行政學由施氏時起到現在，已有六十七年的歷史，而斯學本身並未見有若何獨特的進步，此皆研究的對象尚未明顯的確定的緣故。

前美國大總統威爾遜氏，當其尙爲政治學敎授時，深感於行政學之急待研究，而又深恨一般人不予以重視，曾爲文懇切以言其弊。其中有一段力糾時人忽略行政學研究的不當，治可爲此處討論行政學的過去地位作參攷，茲特節譯該文如下：

『從未曾有人將行政學系統地當作政治學的一部份發揮過，直到了十九世紀已度過了牠的青春期之後，才開始有人將這門科學的苞蕾表揚出來。自來一般政治學者所寫的和我們現時所讀的書，裏面所搆思的，所辯論的，所武斷的，無非是些憲法，咯國家的性質咯，主權之眞義和其寄托所在咯，民權咯，皇帝之特權咯種種……其所爭辯的中心範圍，都是些理想的題材……至於法律應如何執行才算開明，才能平等，才得敏捷，才無齟齬困難，凡此種種問題，反被他們擱開不理，說是博士們祇要討論好了原則，這些不過瑣碎小問題，讓書記們從詳安排就得了』

從上面一段透闢犀利的批評看來，可見得行政學以前怎樣的不爲時人所重了。由此我們便可知道行政學過去的地位是很微的，幾乎是微到沒有人去睬牠，卽使有，也不過把牠附庸在行政法裏說說罷了。

(二)行政學發達之原因。　行政學過去的地位誠然是卑微，不爲人所注意，但近年以來，因爲環境的急激改變之結果，行政本身也聯帶而發生許多新問題，而行政學的地位也因之而水漲船高，成爲政治學中一門重要學科。　其原因甚多，總括言之，約有下列六項:

(1)科學管理方法的影響　科學管理方法首先發起的是美國泰勒(Taylor)氏。自從十八世紀末期工業革命之後，生產陡增，交通發達，因此市場日益擴大。　工商業一天比一天的進步，工商業的組織也日變繁雜，因此經營管理方法不得不設法改良以求精密。而科學的管理方法，遂在工商業上開始提創和應用起來了。　牠的目的在企求生產之質的精美，量的增多，成本減輕，利益加厚。　這一經提創應用之後，成效居然不錯。　一做百效，蔚成風氣。　不獨工商業本身採用了科學的管理，卽社會上一切公共機關團體，也爭先恐後的研究採用了。因此就有人提出疑問；難道行政方面不是也可以採用科學的方法來管理嗎？這當然不會有人敢說不可以的。後來經各人的研究討論之後，更斷定要想做到吏治的澄清，效率的增進，就非應用科學的方法於行政管理不可。而行政學之該研究就成爲急不可緩的問題了。

（2）政府經營事務日趨複雜　行政的發達，和政治理想的演進有密切的關係，換一句話來說，就是行政的職能的性質，深受當時一般政治的與文化的環境的影響的。在放任主義（Laissez Faire）盛行的時代，一般人士皆認政治的組織乃是阻害個人自由權利的一個壞東西，這原是十分不得已才允許其存在的，所以他們以爲國家的機能應該縮小到維持秩序與安寧，即所謂警察的職務。國家的機能既然縮小到警衛一點，所以行政所統的領域也被削減到最小的範圍。但自從工業革命之後，隨着而生的許多社會的經濟的和政治的繁難問題，漸使從前的放任主義再不能繼續放任了。因而爲全體利益而活動的社會思想，遂代替昔日的個人主義而進入了一個新時代。他們認爲國家的機能不單是消極的執行維持治安的職務而已，而且還應該積極的促進全國經濟的福利。一方面在理論上既有主張擴大國家機能的學說，而另一方面在事實上又發生了許多具體的事件，譬如工商業的發達已衝破了舊日局部範圍，進而以全國爲單位，甚至以國際爲推進的目標了。他如交通方法的日新月異，由火船而鐵路而汽車而飛機，郵電的發達則有電報，無線電，播音電。這些種種，都使人類接觸頻煩，耳目一新。工商區域，繁華都市，在一彈指間，像新筍的怒茁般的遍佈了全國，如新興的階級的利害衝突，全國金融經濟其他的急需調劑。這些各色各樣的新問題不但行政的範圍擴大了，而且把牠的問題的內在性也變嚴重了。總而言之，工業革命之後已將人們對於國家的機能的理想改變了。從前以爲牠不過是職司警察職務的，現在認爲牠不止如此，實爲促進全國福利的合作總機關。而且是調劑和統制全社會的主體。人們結合的目的乃在全社會福利的促進而國家的組織就是擔負這促進責任的大工具。國家的責任加重，行政的機能激增，問題就比較舊日的複雜繁難萬萬倍了。因此，這二三十年來許多人都聚精會神到行政這個問題上來了。

（3）科學發達的影響 上面曾提及過，不獨行政的範圍擴大，而且其問題的性質也大不相同了。這是因爲近五六十年來空前的科學發達，不獨改換了一切的設備和工具，同樣的也改變了行政的工作。假如我們的祖父能復活的話，我們領他們到最新式的衙門官署去參觀參觀，恐怕他一定會驚奇，以爲這並不像官住的衙門吧？　恐怕還以爲是一座新工廠哩。　在我們呢，因見慣了所以不生希奇。　不過假如我們靜靜地閉起眼睛來，把前清時代的行政工作的內容同工作的情形，來和今日的逐一比較一下，就會知道前後是截然不同的。　中國在這二三十年來的變換，雖還不算得十分的顯著和普遍，但已是大不相同了。　譬如拿街市的道路來講罷，從前的是狹窄齷齪，灣曲和高低不平的羊腸小道，現在呢，百廿尺的柏油大道，滑溜溜光油油的已不算什麼希奇了。　從前祇要有些普通常識，負有一身死氣力，拿得動鋤頭鍬鏟的人，就可以做修路的工作。　現在呢，不是這樣容易了。

非經過土木工程學訓練的人就不敢輕易動手。　從前的教育機關不過是些不第秀才，冬烘先生的子曰詩云舖，現在辦學校的就少不了什麼博士碩士的專們人材。　從前未曾聽見過什麼公共衞生。　若遇瘟疫死亡，除了禱諸鬼神之外，是沒有辦法的；現在政府有專門的衞生局管理了，裏面負責都是些醫生們。　這還是比較小一點的，且不必旁徵博引了。

比較重大一點的，講農耕之事吧，這是全國生活所寄托的基礎，然而從前的政府除了每年發一兩張勸農告示，欽天監出些通書日曆，上自皇帝下至縣官導愚昧民衆求雨打醮之外，何嘗聽說過有農業試驗場，農種改良所，調驗局……等等科學經營的指導與幫助呢。

救貧惜荒，除了讓地方慈善家大善堂施賑之外，再無善法了。 這就是舊日的行政情形的一班，完全說不上科學的問題。 今日的行政則不然。 差不多有許多事情例如敎育，衞生，建築，河流的疏濬經濟事業的經營——鐵路，飛行，無線電——罪犯的審理，公款的收支保管——會計師，理財家——凡此種種，沒有一件不是專門的科學和特殊訓練過的人所能勝任的。 我們再不必去舉例了。 總之科學的發達的結果，不獨是貢獻了新工具，而且改變了行政的管理方法。 這樣改變的結果，遂使人們不得不急求一新的和最妥善的管理方法。 這樣改變的結果，遂使人們有不得不急求一新的最妥善的管理方法的要求。

（4）耗費節省的必要。 這幾十年來因爲政府的職務範圍擴大，所以政費的支出浩繁。 我國廿年來國家收支尚無準確的預算，而且戰亂相尋，全部支出多用作軍費，故無一定之數目足資參攷。 今試舉美國政府的政費數目以作例證。 在歐戰之前二年，卽一九一二年，全國收入總數爲中央各州及地方政府行政性質而支用的共二、一三一、四〇二、〇〇〇美金，十年後（卽一九二二，頓然激增至六、三四六、三三二、〇〇〇美金。 其增加率爲百分之一九八。 以人口平均分配在一九一二年每人負擔二十一元九角六，到了一九二二年則爲五十八元三角七。 在此政費浩繁負擔加重之環境下，一般遠識人士自然目怵心傷，對于政府支出遂有減政節費之要求。至應如何才能達到節縮目的，則非憑一時的衝動東減西省，所能臧事，此非超識遠見詳核細考，斟酌妥善不可，而行政學之急待研究所以又成了問題。

（5）效率增加之講求　一方面因爲政費之浩大，遂有減政節費之呼聲。同時效率增加之要求，亦相伴而起。幾十年來工商業發達之結果，已形成國際貿易競爭之局面，此中成敗之關鍵，固在工商企業本身組織與管理上妥當與否，但政府之指導與援助，亦大有關係。試觀美國商務部年來在荷佛領導之下，竟能促進全國工商業爲空前未有之發達。遂使以前不足輕重之商務部轉爲時人所重視。而荷佛亦因此功勞獲得上屆總統之選。

由此可見政府辦事之能幹與腐敗實與社會事業之進步，有密切之關係。

本刊編輯委員會

中華民國二十年五月出版

定價 每冊大洋三角

編輯者 國立暨南大學法學院編輯委員會

發行者 國立暨南大學出版部

印刷者 華豐印刷鑄字所

分售處 本校出版部及各埠各大書坊